마법소녀는
왜 세상을 구하지
못했을까?

일러두기

- 단행본은 겹낫표(『』)로, 글, 기사, 보고서는 홀낫표(「」)로, 학술지, 잡지, 웹진, 음반은 겹꺾쇠(《》)로, 영화, 텔레비전 시리즈, 노래는 홑꺾쇠(〈〉)로 표시했다.
- 번역되지 않은 해외 논문 등을 인용하거나 참고하였을 경우 APA 형식(7th)을 따라 표기하였다.
- 이 책에서 다루는 작품들은 한제를 기준으로 표기하되, 국내에 수입된 적 없는 작품들은 원제로 표기했다. (다만 〈비밀의 아코짱〉과 〈큐티 하니〉의 경우, 국내 방영작과 책에서 다루는 작품이 서로 다른 시대에 제작되었기에 구분이 용이하도록 원제로 표기하였다.)
- 국내법에서 아동은 18세 미만을(아동복지법), 청소년은 9세에서 24세 사이를(청소년 기본법) 가리키므로 둘을 병기할 경우 중첩된 표현이 될 수 있다. 그러나 이 책의 근간은 법이나 행정보다는 아동학과 문화학에 있으므로 아동기(Childhood)와 청소년기(Adolescence)를 구분하는 학계의 전통에 따라 필요하다고 판단될 경우 아동·청소년을 병기하였다.

마법소녀는 왜 세상을 구하지 못했을까?

소녀가 소비하는 문화, 그 알려지지 않은 이면 이해하기

ⓒ 백설희·홍수민 2022

초판 1쇄	2022년 4월 21일
지은이	백설희·홍수민

출판책임	박성규	**펴낸이**	이정원
편집	이동하·이수연·김혜민	**펴낸곳**	도서출판 들녘
마케팅	전병우	**등록일자**	1987년 12월 12일
경영지원	김은주·나수정	**등록번호**	10-156
제작관리	구법모	**주소**	경기도 파주시 회동길 198
물류관리	엄철용	**전화**	031-955-7374 (대표)
			031-955-7381 (편집)
		팩스	031-955-7393
		이메일	dulnyouk@dulnyouk.co.kr

ISBN   979-11-5925-644-8 (03330)

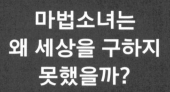

마법소녀는
왜 세상을 구하지
못했을까?

소녀가 소비하는 문화,
그 알려지지 않은 이면
이해하기

백설희·홍수민 지음

들녘

애니메이션 더빙은 성우들의 전문 영역이다. 우리말 대사와 캐릭터의 입 모양을 정확히 맞추는 더빙 테크닉뿐만 아니라, 캐릭터를 입체적으로 분석하는 능력도 갖추어야 한다. 이를 위해서는 내가 맡은 캐릭터가 내뱉는 대사를 나 자신이 먼저 이해하고 수긍하는 과정이 필요하다.

이 책을 읽으며 내가 더빙에 참여한 작품들이 여러 편 언급되어 반가운 마음이 들었다. 순식간에 한 권을 다 읽었다. 그리고 확인받을 수 있었다. 그동안 미소녀 변신물을 더빙하며 느꼈던 정체를 알 수 없는 불편함이 어디에서 비롯된 것이었는지를. 이 땅의 소녀들이 더 자유롭게 느끼고, 원하는 걸 말하고, 거침없이 행동하길 응원한다.

성우 이용신

발명된 소녀, 발견된 어린이

성인의 입장에서 어린이 문화를 단정하기는 쉽습니다. 단순하게만 보이는 어린이 문화의 구성물은 대체로 쉽게 통제하거나 간과할 수 있는 것으로 여겨집니다. 그리고 그 과정에서 어떤 문화적 요소는 어린이에게 '이롭다'는 이유로 장려되고, 어떤 것은 '해롭다'는 이유로 탈락합니다. 과연 그렇게 간단한 문제일까요?

'소녀문화'는 어린이 문화를 평가하는 것이 얼마나 어려운지를 보여주는 단적인 예입니다. 소녀문화에는 상호 충돌하는 요소들이 공존합니다. 소녀문화의 대표적인 콘텐츠인 마법소녀 애니메이션만 보아도, 평범한 소녀가 마법 전사로 변신하여 세상을 구하는 모습이 소녀에게 자신감을 부여하는 것인지, 아니면 미니스커트를 입고 하이힐을 신은 복장을 통해 성역할을 세뇌하는 것인지 도저히 구분할 수 없습니다.

어렸을 때에는 이런 이중성을 미처 깨닫지 못했습니다. 그런데 어른이 되어 그 시절 좋아했던 소녀 콘텐츠를 곱씹어보니 뭐라고 딱 꼬집어 말하기 어려운 양가적인 감정에 휩싸이게 되었습니다. 자연스럽게 의문이 생겨났습니다. 지금도 왕성하게 제작되고 소비되는 소녀문화 콘텐츠들을, 이제 우리는 어떻게 바라보아야 할까요?

다행스럽게도 이러한 고민은 새로운 것이 아닙니다. 이미 소녀문화와 관련하여 진행된 역사적·사회적·문화적 논의들이 있지요. 위 질문에 답하기 위해 이 책은 앞서 행해진 논의들을 살펴보려 합니다. 그러나 그 전에 먼저 몇 가지 준비가 필요합니다. 바로 우리가 마주해야 할 '어린이' '소녀', 그리고 '문화 소비자'가 어떤 존재인지 이해하는 것입니다.

계집애, 아가씨, 처녀, 그리고 소녀

소녀문화를 탐구하기에 앞서, 먼저 우리가 '어린이'에 대해 모른다는 사실을 짚고 넘어갈 필요가 있습니다. 우리가 흔히 '나이가 어린 존재'라고 생각하는 아동이나 '나이가 어린 여성'이라고만 생각하는 '소녀'는 사실 본질적 존재가 아니라 역사·문화·사회적으로 구성된 존재입니다. 심지어 현시대에 통용되고 있는 아동관은 근대 이전에는 존재하지도 않았지요.

　『아동의 탄생L'enfant et la vie familiale sous l'ancien regime』의 저자 필립 아리에스(Philippe Ariès)는 중세 시대까지만 해도 유럽 사회가 아이들의 세계와 어른들의 세계 사이의 차이를 인식하지 못했으며, 따라서 전자에서 후자로의 이행에 대한 개념도 갖지 못했다고 이야기합니다. 중세 유럽에서 이유(離乳)가 끝난 아이는 곧장 어른의 동반자가 되었으며, 그 과정에서 누구도 아동의 신체적·정신적 문제에 관심을 두지 않았기 때문에 그러한 문제가 존재하지 않는 것이나 다름없었다는 것입니다. 중세 동아시아의 아동관 역시 마찬가지였습니다. 과거에는 영아 사망률이 몹시도 높았던 탓에 영유아기 아동에 대한 사회적 시선이 현재와 같을 수 없었습니다. 성인기로의 이행 또한 대체로 혼인과 같은 문화적 방식으로 이루어졌고요. 한국과 일본을 비롯한 동아시아에 지금과 같은 현대적 아동관이 본격적으로 형성되기 시작한 것은 호적 제도와 근대적 학제가 시행된 뒤부터였습니다.

　우리가 통상적으로 사용하는 '소녀'라는 관념도 별반 다르지 않습니다. 근대 이전까지 한반도에서 '소녀'는 일반적으로 결혼하지 않은 어린 여자가 윗사람에게 스스로를 낮추어 이르는 일인칭 대명사로 사용되었습니다. '나이가 어리거나 결혼하지 않은 여자'를 지칭하는 표현으로는 '계집애'와 '계집아이' '아기씨' 또는 '아가씨'나 '처자' '처녀' 등을 따로 사용했지요. 반대로 '소년'의 경우, 근대 이전에는 한국어 어휘에 포함되어 있지 않았습니다. 결혼하지 않은 어린 남자가 윗사람을 상대하며 스스로를 낮추어 불러야 할 때는 '소자' '소인' '소생' '소신'이라는 표현을 썼습니다. 그리고 '나이가 어리거나 결혼하지 않은 남자'를 지칭하는 표현으로는 '아이' '남자아이' '사내아이' '대장부' '청년' 등이 따로 사용되었습니다.

　'소녀'가 서양의 '소녀(girl)'에 해당하는 단어로 재탄생한 것은 1908년 11월, 일본 유학을 마치고 돌아온 최남선이 열여덟 살의 나이로 잡지 《소년》 창간호를 발간하면서부터입니다. 창간사에서 그는 "우리 대한으로 하여금 소년의 나라로 하라"는 성명을 발표하고 자신을 포함한 10대 남학생들을 그와 비슷한 의미의 영단어 '소년(boy)'으로 새롭게 지칭하면서 근대적 관념인 '소년'의 탄생을 알렸습니다. '소년'의 주체와 존재 의미는 최남선을 비롯한 개화기 남성 지식인들에게 정립되어 있었지만, '소녀'는 '소년'에 대응하는 상징적인 기표로 존재할 뿐이었습니다. 그 대표적인 증거를 개화기 여학생들이 즐겨 읽었던 번역문학에서 찾아볼 수 있습니다.

당시 여학생들 사이에서는 잔 다르크의 영웅 서사를 담은 『애국부인전』이 매우 인기를 끌었다고 합니다. 이를 번역한 장지연은 서사의 말미에 17세 소녀 잔 다르크를 '프랑스의 양만춘, 을지문덕, 강감찬'에 비유합니다. 그리고 잔 다르크가 당시 조선 사회에서 필요로 하던 '애국부인'에 해당한다며 이 책을 읽은 여성들도 잔 다르크와 같은 '애국부인'이 되라고 권유했습니다. 결혼도 하지 않은 잔 다르크를 '부인'이라 칭하다니 무슨 오역인가 싶지요. 그러나 이 시기 남성 지식인들에게 여성이란 어린 '계집아이'와 결혼한 '부인', 두 부류뿐이었습니다. 그중에서 역자인 장지연이 독자로 상정한 대상은 '계집아이'에 해당했기에, 그들이 지향해야 할 목표 지점인 잔 다르크를 '부인'이라고 칭한 것입니다.

그렇다면 이 시기 여학생들은 스스로를 소녀라고 칭했을까요? 앞서 말했듯, 이들은 웃어른 앞에서 스스로를 낮춰 부를 때가 아니라면 '소녀'라는 단어를 사용할 일이 없었습니다. '소녀'라는 한자어를 공유하여 사용하던 일본 역시 마찬가지였습니다. 일본의 여자아이들은 '소녀'라는 한자어보다는 문자 그대로 여자아이를 의미하는 '온나노코(女の子)'라는 단어로 스스로를 지칭했습니다. 이러한 언어적 정황은 당시의 '소녀'라는 관념이 소녀 당사자들에 의한 것이 아니라, 이들을

소녀라 이름 지은 제3자에 의해 구축된 것이었음을 암시하고 있습니다.

돈줄을 쥔 사람이 어린이를 대표할 순 없어요

'어린이'와 '소녀'에 대한 이해, 그다음으로 준비할 것은 무엇일까요? 우리는 우리가 '문화 소비자'로서의 어린이에 대해서도 전혀 알지 못한다는 사실을 인정해야 합니다. 흔히 어린이들은 노동을 해서 돈을 버는 존재가 아니니 소비자에도 해당되지 않는 것으로 여겨집니다. 권위 있는 아동소비문화 연구자 중 한 명인 댄 쿡(Dan Cook or Daniel Cook)은 이와 같은 통념 때문에 소비문화에 대한 주류 연구와 이론이 어린이에 대해 제대로 알지 못한다고 비판한 바 있습니다. 그는 모두의 일상 중심에 아이들이 존재함에도 불구하고, 어린이는 소비자 사회와 문화 이론에서 대체로 '투명인간' 상태였다고 말하지요. 실제로 지금까지의 소비문화 연구에서 아동은 구성적 경제행위자나 성인 집단의 동료 소비자로서 그에 마땅한 대우를 받기보다는 덤이나 열외, 대기자와 같은 파생적이거나 가외적·부차적인 존재로 치부되었습니다.

이러한 관점의 연구는 소비 행위를 비용을 지불하는 최종 단계만을 가리키는 것으로 축소한다는 점에서 크게 비판받습니다. 현대사회에서 소비 행위란 단순히 '마지막에 금액을 지불하는 것'만을 가리키지 않습니다. '소비자'나 '소비 집단' 또한 그들을 대표하는 한 사람만을 지칭하는 것이 아니지요. 예를 들어볼까요? 성인의 소비 패턴은 자녀 유무에 따라 달라질 수밖에 없습니다. 이때 아동의 존재를 무시하고 '가족'이라는 유닛의 소비를 성인 가장(breadwinner) 개인의 소비로 축소하게 되면, 서로 다른 가족 간의 소비 패턴 차이가 성인과 아동 간의 상호작용 유무에서 비롯된다는 사실을 간과하는 셈이 됩니다. 소비자로서 아동의 영향력이 과소평가되는 것이지요.

아동 소비자를 주변적 존재로 보는 관점은 대체로 아이들을 '현재(being)'보다는 '미래(becoming)'의 존재로 보는 시선에서 비롯됩니다. 일부 연구자들을 포함하여 많은 사람이 지금의 아이들에 집중하기보다는 후일 성인이 되어 사회에 기여할 모습에 기대를 걸지요. 대표적인 사례로 '소비자 사회화(Consumer Socialization)' 같은 발달론적 접근이 있습니다. 소비자 사회화란 '어린이들이 시장에서 소비자로서의 기능과 관련된 기술, 지식 및 태도를 습득하는 과정'을 의미합니다. 그리고 여기서 소비 행위는 개념적으로 무(無)에서 유(有)의 형태로 점차 교육되는 것으로 간주됩니다. 때문에 이러한 교육이 완료되었다고 여겨지는 성인 소비자만이 진정한 소비 집단으로 받아들여지고, 교육을 받지 않았거나 완료하지 못한 것으로 간주되는 아동은 소외됩니다.

그러나 많은 연구자가 '사회화'란 다양한 방향으로 진행되는 것이며, 평생 계속되어 결코 완료될 수 없는 과정이라는 점을 명확히 밝히고 있습니다. 예를 들어, 21세기에 들어서면서 양육자나 고령의 가족 구성원이 아동 청소년에게 스마트기기 사용법을 배우거나, 그들에게 이끌려 스마트기기를 구매하는 일이 흔해졌습니다. 이렇게 성인이 어린이를 통해 새로운 소비 기술이나 지식, 태도를 습득하는 현상을 '역사회화(Reverse-Socialization)'라고 합니다. 그간 소비문화 연구가 양육자가 자녀를 교육하는 사례 위주로 수행된 탓에 간과되어 왔지만, 역사회화는 이미 어디서든 찾아볼 수 있는 흔한 현상이지요. 이처럼 현대사회에서 소비자로서 '완성'되거나 소비자 사회화 과정을 '완료'하는 것은 누구에게든 불가능한 일입니다.[*]

---

[*]　'사회화'라는 개념을 '문화화'로 대체해야 한다는 주장 또한 존재합니다. 소비자 사회화의 대안 개념인 '소비자 문화화(Commercial Enculturation)'는 완전한 소비자가 되는 '종점'의 존재를 거부하는 한편, 지역·성별·세대·사회적 계층과 같은 여러 층위의 소비문화가 존재한다는 사실을 강조합니다. 이렇듯 학술 용어가 어린이 개개인의 다양한 상황과 조건, 생활 배경 및 사회적 맥락을 개념적으로 포괄하게 되면, 어린이가

어린이 문화, 협조하겠습니까? 방관하겠습니까?

물론 이와 같은 접근이 아이들의 발달 단계를 무의미한 것으로 만든다고 간주해서는 안 됩니다. 우리가 여기서 이야기하려는 것은 아이들의 소비문화를 오로지 발달 가능성만을 바탕으로 논해서는 안 되며, 아동기에서 비롯되는 모든 현상을 영원히 임시적인 상태로 몰아넣어서도 안 된다는 사실입니다.

소녀문화를 곧이곧대로 바라보기 위해, 우리는 소녀 소비자에 대한 기존의 통념에서 벗어나야 합니다. 아이들을 우리와 어깨를 맞대고 현재를 살아가는 동료 시민으로, 동료 소비자로 인식할 필요가 있습니다. 또한 인정해야 합니다. 어린이 문화가 성인 집단의 완전한 통제 아래에서 움직일 수도 없고, 그래서도 안 된다는 것을요. 성인들은 지배자나 방관자가 아니라, 어디까지나 어린이 문화의 '협조자'가 되어야 합니다.

지금부터 우리는 반세기가 넘는 길고도 짧은 시간 동안 소녀문화가 이루었던 행보를 돌아보려 합니다. 소녀문화는 어떻게 구성되어왔는지, 그 과정에서 소녀문화를 둘러싸고 어

문화화하는 과정에서 일어나는 일을 보다 세밀히 이해하거나 해명할 수 있게 됩니다.

떤 사회·문화적 논의가 이루어졌는지, 소녀문화를 받아들이고 향유하는 실제 소녀 소비자들은 어떻게 대응했는지에 대해 이야기해보려 합니다.

수없이 대상화·객체화되었던 가상의 소녀들 대신 우리 곁에서 살아 숨 쉬고 있는 소녀들, 그리고 한때 소녀였던 이들, 나아가 미래의 소녀들의 목소리를 직접 들어볼 때가 되었습니다. 벌써 소녀들은 그다음 발자국을 내딛고 있습니다. 부디 이다음 세대에 올 소녀들이 보다 크고 높으며 힘찬 꿈을 꿀 수 있기를 바라고 또 바랍니다.

차 례

디즈니는 어떻게
프린세스 브랜드를
되살렸을까?

_____

'월트 디즈니 컴퍼니(The Walt Disney Company)'는 세계 3대 미디어 그룹 중 하나이자 캐릭터 라이선스를 가장 많이 보유한 기업입니다. 1937년 세계 최초의 컬러 장편 애니메이션 영화를 탄생시킨 이래 수십 편의 극장용 애니메이션을 제작했고, 2020년대에 이르러서는 영화 제작사이면서 동시에 그 자체로 TV 채널, 장난감, 테마파크를 아우르는 1,953억 달러 규모의 문화 현상으로 진화했습니다.[1] 그중에서도 '디즈니 프린세스(Disney Princess)'는 55억 달러[*]에 상당하는 브랜드 가치를 뽐내며 소녀들을 겨냥한 대표 프랜차이즈로 자리하고 있습니다.[2]

디즈니의 첫 작품이 〈백설공주와 일곱 난쟁이*Snow White and the Seven Dwarfs*〉였던 까닭에, 디즈니 프린세스는 마치 디즈니의 시작과 동시에 탄생한 것처럼 보이기도 합니다. 그러나 디즈니 프린세스 프랜차이즈가 공식적으로 기획된 것은 불과 20여 년 전 일입니다. 문화적 배경과 지역, 세대가 다른 여덟 명의 공주를 하나의 브랜드로 묶어서 마케팅하겠다는 아이디어는 전 나이키(Nike) 임원이자 당시 디즈니 컨슈머 프로덕트(consumer product) 사장이었던 앤디 무니(Andy Mooney)가

---

[*] 디즈니가 해즈브로와 디즈니 프린세스 프랜차이즈 라이선스를 거래한 가격이 55억 달러입니다.

처음 제시한 것이었습니다.

〈디즈니 온 아이스Disney On Ice〉라는 쇼에 대해 들어보셨나요? 무려 1987년부터 월드 투어를 이어온 디즈니의 전통적인 아이스 쇼입니다. 2000년, 앤디 무니는 그곳에서 뮬란과 백설 공주 코스튬을 입은 어린이 수천 명이 디즈니 캐릭터를 가장한 피겨 스케이터들에게 열광하는 광경을 목격합니다. 그의 표현을 빌리자면 현장은 마치 "어린 공주들을 위한 록 콘서트"와 같았다고 합니다.[3] 그는 여기서 '디즈니의 모든 공주를 하나의 프랜차이즈로 결합하여 브랜드화해보면 어떨까?'라는 영감을 얻습니다.

당시 상당한 논쟁을 불러일으켰던 이 발상은, 한 연구자의 표현을 빌리자면 '소비자들이 지폐로 투표한 시장(市場) 선거'에서 압승을 거둡니다. 2002년과 2005년 사이에 디즈니 프린세스 프랜차이즈가 무려 300% 성장률을 달성하며, 곰돌이 푸(Winnie-the-Pooh)와 미키 마우스(Mickey Mouse)를 제치고 디즈니에서 가장 인기 있는 브랜드로 떠오른 것이지요. 오늘날 디즈니 프린세스는 전 세계 90개국의 시장을 상대하는 명실상부 세계 최대 규모의 소녀 타깃 프랜차이즈입니다.[4]

팀 디즈니의 심폐소생 메르헨[*]

이때 밀레니얼 키즈를 사로잡은 주역은 1937년에 제작된 〈백설 공주와 일곱 난쟁이〉나 1950년대에 제작된 〈신데렐라 *Cinderella*〉〈잠자는 숲속의 미녀*Sleeping Beauty*〉가 아니었습니다. 1984년, 디즈니는 파라마운트(Paramount)의 CEO였던 마이클 아이즈너(Michael Eisner)를 고용하며 다른 스튜디오 출신 인재들을 적극적으로 영입합니다. 일명 '팀 디즈니(Team Disney)'로 불리는 이 새로운 임원진은 디즈니의 정체성 중 하나인 '고전동화 각색으로의 귀환'을 추진합니다. 여기서 말하는 각색이란 '현대적 각색'으로, 과거의 성적, 문화적 차별 및 편견을 바로잡으려는 시도를 포함하고 있지요. 비록 모든 작품이 고정관념으로부터 완전히 자유롭지는 못했지만, 이 시기 디즈니의 공주 영화에서 우리는 그러한 시도의 흔적을 찾아볼 수 있습니다.

먼저 팀 디즈니의 첫 작품인 〈인어 공주*The Little Mermaid*〉는 그때까지 디즈니가 다루지 않았던 스토리를 만들어냈습니다. 바다 왕국을 다스리는 왕이자 주인공 아리엘의 아버지인 트라이튼은 아리엘이 왕국 너머를 탐험하는 것을 엄금합

---

[*] 메르헨(märchen)은 독일어로 '동화(童話)' 또는 '옛날이야기'를 뜻합니다.

니다. 신화학자 조지프 캠벨(Joseph Campbell)은 모든 영웅의 여정은 자신의 무게중심을 사회의 울타리 내부에서 미지의 영역으로 옮기면서 시작된다고 했는데요.[5] 결국 아리엘 역시 위험을 감수하고 마녀 우르술라와 거래한 뒤, 왕국을 떠나 인간 세상으로 새로운 모험을 떠납니다. 본래 남성 주인공들이 독점해왔던 영웅 서사와 그 영웅 서사를 현대적으로 이어받은 어드벤처(adventure) 장르에, 드디어 여성 주인공이 등장한 것입니다.

이때까지 디즈니의 작품들이 여성을 오랫동안 억압당하는 죄수처럼 묘사해왔던 것을 생각하면 참 놀라운 변화입니다. 마치 그 빚을 갚기라도 하려는 듯, 〈인어 공주〉를 시작으로 팀 디즈니의 작품 속 공주들은 구속을 거부하고 마침내 해방되어 영웅으로 변모합니다. 팀 디즈니의 마지막 공주 뮬란은 그런 점에서 최고의 면모를 지녔다고 할 수 있습니다. 〈뮬란Mulan〉의 중심 서사는 로맨스에 의존하지 않을뿐더러, 주인공인 뮬란의 성정도 전통적인 여성상과 거리가 멉니다. 영화 초반부에 등장한 노래 〈가문을 빛낼 거야Honor to Us All〉의 가사에 따르면, 당시 뮬란이 살고 있던 사회에서 '여자가 가문을 빛낼 수 있는 길은 하나, 멋진 상대 만나 시집을 가는 것*입니다. 하지만 뮬란은 다릅니다. 뮬란의 동료 군인들이 저마다 이상형을 이야기하며 〈상냥한 내 여자A Girl Worth Fighting for〉를 부르는 장면을 떠올려볼까요? 뮬란은 자신을 빗대어 "똑똑한 여자는 어때? 항상 당당한 여자 말이야."**라고 묻죠. 그리고 단번에 "싫어!"라는 대답을 듣습니다. 그렇지만 뮬란의 이 '똑똑함'의 진가는 이후 흉노족 대장 샨유를 물리치고 황제를 구출할 지략을 짜내는 과정에서 완벽하게 발휘됩니다.

뮬란은 자신을 구속하는 가부장제와 유독한 남성성(Toxic Masculinity)으로부터 벗어나고 싶어 합니다. 그러나 동시에 병든 아버지를 대신하여 국가에 봉사하고, '충'과 '효'라는 전통적·유교적 가치를 수호하고자 하지요. 남성 지배적인 사회에서 여성에게 주어지는 기대와 뮬란의 진정한 자아 사이에 존재하는 긴장감. 주인공 뮬란을 둘러싼 주된 갈등은 이 역설에서 비롯됩니다. 때문에 〈뮬란〉의 배경과 비슷한 가부장 사회에 살고 있던 저와 제 친구들은 〈뮬란〉을 처음 봤을 때 좋은 의미로 큰 충격을 받았습니다. 디즈니 애니메이션에

---

*   "A girl can bring her family great honor in one way by striking a good match and this could be the day."

**   "How 'bout a girl who's got a brain who always speaks her mind?"

서 얌전하고 조신할 것을 강요받던 소녀 주인공이 화려한 무술 실력을 발휘하여 황제가 인정하고 온 나라 백성들이 절을 올릴 정도로 위대한 영웅이 되다니. 백성들이 뮬란에게 절을 올리는 마지막 장면에서 저는 엄청난 쾌감과 감동을 느꼈습니다. 나도, 내 친구들도 언젠가 저렇게 될 수 있겠지?

엘사의 강림, 제자리를 찾은 권능

아리엘부터 뮬란까지, 팀 디즈니의 주인공들은 모두 전통적인 성역할에 굴하지 않는 자아를 지닙니다. 관습적으로 '남성적인 것'으로 분류되던 특성을 지니기도 하고, 반대로 관습적인 여성성을 거부하기도 하지요. 주변 캐릭터들은 주인공의 이러한 면에 눈살을 찌푸립니다. 그리고 곧 주인공이 여정을 지속하기 위해 돌파하거나 전복해야 하는 가부장적인 방해물들이 등장합니다. 그러나 이야기가 진행됨에 따라 영화 속 등장인물들과 관객들은 주인공 고유의 정체성, 즉 '성역할에 얽매이지 않는 모습'이 이야기를 완성하는 열쇠라는 것을 납득하게 됩니다. 이런 포괄적인 여성주의는 디즈니 프린세스 내러티브의 중심축이 되어 2013년 작 〈겨울왕국*Frozen*〉과 2016년 작 〈모아나*Moana*〉, 2021년 작 〈라야와 마지막 드래곤*Raya and the Last Dragon*〉으로 이어집니다. 그러나 1989년부터

1999년까지의 팀 디즈니 영화와 2010년부터 2020년까지의 '새로운 디즈니 프린세스' 영화 사이에는 큰 차이가 있습니다. 바로 주인공에게 '권능'이 주어졌다는 것이지요.

시대와 지역을 불문하고 어린이는 항상 절대적 약자의 자리, 가장 힘들고 어려운 곳에 있어왔습니다. 그렇기에 그들은 누구보다도 힘이나 권력, 권위를 갈망합니다. 젠더를 불문하고, 슈퍼 히어로, 공룡, 로봇 장난감이 완구 시장의 스테디셀러를 이루는 현상도 이 때문입니다. 자신에게 가해지는 여러 억압으로부터 자유로워지기를 원하는 어린이 소비자들의 열망이 반영된 것이지요. 그러나 디즈니 애니메이션의 길고 긴 역사 속에서 공주 주인공은, 왕족이라는 지위가 참 무색하게도, 권능의 주체였던 적이 없었습니다.

2013년 디즈니가 〈겨울왕국〉에서 소녀들에게 제공한 것이 바로 그 권능이었습니다. 구국영웅인 뮬란에게조차 끝끝내 허용되지 않았던 어마어마한 권능 말입니다. 물론 뮬란이 갖춘 능력도 강력한 것이었습니다. 하지만 그 역량이 온전히 드러나기엔 캐릭터에게 부여된 제약이 너무나 컸습니다. 봉건적 가치를 수호하고 유교사회적 의무를 수행한다는 틀 안에서 여성 주인공이 절대적으로 자유롭기는 불가능했던 것이지요.

그러나 〈겨울왕국〉에서 엘사와 안나는 아버지를 위해 전쟁터에 나가지 않습니다. 누군가의 부하도 아니며, 누군가의 보호 아래 놓여 있지도 않습니다. 엘사와 안나는 자신의 힘과 권력을 자각하고, 누리고, 되찾아, 마침내 왕국 에렌델을 온전히 다스리게 되지요. 그렇기에 영화가 끝날 무렵의 엘사와 안나는 자신들의 왕국 안에서 완벽하게 자유롭고 또 전능합니다. 여자아이들은 처음으로, 스크린 속에서 왕이 될 수 있었던 것입니다.

공주 원정대, 왕자는 필요 없어

전능하고 자유롭지만, 어찌 보면 외로울 수도 있는 제왕의 자리. 〈겨울왕국〉의 엘사는 그러한 고독을 여실히 드러내는 캐릭터입니다. 이와 같은 주인공에게 가장 필요한 것은 뭐니 뭐니 해도 항상 그의 곁을 지켜줄 조력자겠지요. 그래서인지 왕국이 얼어붙을 위험에 처하고 주인공이 추위에 부상을 입고 말았을 때, 그를 치유해준 건 마법 같은 자매간의 사랑이었습니다. 〈겨울왕국〉 이야기냐고요? 아닙니다. 그에 1년 앞서 개봉한 또 다른 디즈니 영화 〈팅커벨 4: 날개의 비밀*Secret of the Wings*〉의 줄거리입니다.

그간 디즈니의 프린세스는 '프린스'가 있어야만 성립하

는 존재였습니다. 작품 속 어딘가에는 늘 주인공과 로맨틱한 관계를 형성할 남성 조력자가 존재했습니다. 독사과를 먹은 백설공주에겐 입 맞춰 그를 깨워줄 왕자가 있었습니다. 숲속에서 깊이 잠든 오로라에겐 마녀와 용감히 싸워 그를 기나긴 잠에서 구해낼 왕자가 있었고요. 신데렐라가 요정 대모의 힘으로 아름답게 변신했던 이유는 왕자가 연 무도회에 가기 위함이었습니다.

그러나 2010년대에 이르러, 디즈니는 새로운 실험을 시도합니다. 〈팅커벨〉 시리즈를 필두로 한 '디즈니 페어리즈(Disney Fairies)'와 '디즈니 프린세스' 등의 자사 프랜차이즈에서 또 다른 소녀로 왕자의 자리를 대체하기 시작한 것이지요. 〈팅커벨 4: 날개의 비밀〉에서는 팅커벨과 그의 쌍둥이 자매 페리윙클의 교류를 통해 계절이 나뉘어 있던 각자의 왕국이 사계절이 조화를 이루는 화합의 장으로 다시 태어나게 됩니다. 그 과정에서 어떤 약으로도 치료할 수 없다는 요정의 날개에 난 상처를 '자매애'의 마법으로 치유하기도 하고요.

디즈니는 2012년 〈팅커벨 4: 날개의 비밀〉에 사용한 자매간의 관계성을,『눈의 여왕』을 모티브로 삼은 영화 〈겨울왕국〉에 그대로 도입합니다. 〈겨울왕국〉에서 벌어지는 모든 모험은 서로를 걱정하는 엘사와 안나의 마음에서 비롯됩니다.

이를 증명하기라도 하듯, 엘사와 안나는 이야기가 진행되는 내내 서로를 위기에서 몇 번이나 구해줍니다. 최종적으로 엘사가 자신의 능력을 받아들이고 제어할 수 있게 된 것 또한 안나와의 자매애 덕분이었습니다. 새로운 세기에 소녀 주인공들이 쟁취해낸 권능의 연장선 위엔 자매애가 자리하고 있었던 것입니다.

3년 뒤인 2016년 개봉한 〈모아나〉는 〈겨울왕국〉에서 한 발짝 더 나아갑니다. 엘사와 모아나는 모두 후계자로 선택받았고, 그로 인해 자신을 숨기고 안주할 것을 강요받다가 종래에 진정한 자신을 찾는다는 공통점을 가지고 있습니다. 얼음으로 성을 쌓을 정도의 막강한 힘을 장갑으로 짓누르고 있던 엘사와 마찬가지로, 넓은 바다를 자유로이 항해하고 싶어 하는 모아나의 꿈은 그의 아버지가 부여한 역할로 인해 가로막힙니다. 모아나의 아버지인 투이 추장은 암초 너머 세계를 위험으로 선언하며 안전을 위해 섬을 떠나는 것을 금지합니다. 영화 초반, 모아나는 암초를 넘어 모험을 해보려 시도하지만 아버지에 의해 좌절됩니다. 그는 모아나의 결정이 모두를 위험에 빠뜨릴 것이라고 주장하지요. 이윽고 검은 오염이 그들의 섬을 위협해 오고, 모아나는 선택의 기로에 섭니다. 아버지의 기대를 깨뜨릴 것인가, 아니면 그 너머에서 세계를 구하는 모험을 할 것인가.

이때 갈등에 빠진 모아나에게 손을 내민 사람은 백마 탄 왕자도, 잘생긴 연인도 아닌 모아나의 할머니 탈라였습니다. 탈라는 모아나가 바깥세상뿐 아니라 자신의 내면으로까지 뻗어나가 정체성을 찾도록 돕는 인물이자, 나이 든 여성에게서 어린 여성으로 이어지는 여성과 여성 사이의 '계승'을 상징하는 존재입니다. 이는 픽사의 〈메리다와 마녀의 숲*Brave*〉에는 존재했으나 디즈니의 〈라푼젤*Tangled*〉에는 존재하지 않았던 캐릭터지요. 그는 모아나에게 네가 누군지 아느냐고 질문하며 그가 바다를 모험하던 항해자들의 후손임을, 내면에서 들려오는 그 목소리는 바로 모아나 자신이라는 사실을 끊임없이 상기시킵니다. 진정한 자신을 찾아내기까지 모아나의 여정엔, 늘 그를 안내한 할머니의 목소리가 함께했습니다.

이에 더해 2021년 개봉작 〈라야와 마지막 드래곤〉에는 지금까지 디즈니에서 등장한 바 없는 악우와 라이벌 관계가 펼쳐집니다. 바로 라야와 나마리입니다. 이들은 작품 내내 서로 빈정대며, 때로는 치고받고 싸우기까지 하지요. 하지만 작품이 주는 메시지인 '믿음'에 걸맞게, 라야와 나마리는 결국 서로를 신뢰하게 됩니다.

이처럼 팀 디즈니의 프린세스는 전통적인 성역할을 거

부하는 것은 물론이고, 이제까지 남자아이들만이 독점해왔던 영웅 및 모험 서사를 모든 어린이에게 되돌려주었습니다. 거기다 성인지감수성의 중요성이 대두되는 현대에 들어서는, '운명적 상대를 만나는 공주들의 이야기'에서 벗어나 '여성 동료들과 함께 세계를 구하는 소녀들의 이야기'로 변모하고 있지요. 바야흐로 '뉴 프린세스'의 시대가 열린 것입니다.

바깥은 위험하니
디즈니 곁을 떠나지 마

1990년대에 〈인어 공주〉와 〈뮬란〉〈미녀와 야수*Beauty and the Beast*〉〈알라딘*Aladdin*〉〈포카혼타스*Pocahontas*〉가 있었다면, 2010년대에는 〈라푼젤〉과 〈겨울왕국〉〈모아나〉가 있었지요. 그럼 2000년대를 빛낸 디즈니 프린세스는 누구일까요?

시간을 잠시 되감아봅시다. 가정용 비디오, 일명 VHS(Video Home System)는 명실상부 2000년대를 대표하는 저장 매체입니다. 어렸을 때 비디오 대여점을 하던 집 아이와 친했던 덕에 자주 비디오를 빌리러 가곤 했습니다. 디즈니의 만화영화는 워낙 인기가 많아 케이스가 항상 거꾸로 뒤집혀서 꽂혀 있었습니다. 이미 누군가가 빌려 갔다는 표시였지요. 케이블TV가 보급되고 멀티플렉스 영화관이 등장하며 비디오 대여점이 서서히 사라져갔던 1990년대 후반에는 비디오테이프를 직접 구매해서 시청하기도 했습니다. VHS에 대한 수요는 극장 개봉을 건너뛰고 비디오 판매로 직행하는 콘텐츠 시장을 열었습니다. 일본 애니메이션 마니아들에겐 OVA(Original Video Animation)라 알려져 있는, '비디오 영화(Direct-to-video 혹은 Straight-to-video)' 시장이 바로 그것입니다.

월트 디즈니 컴퍼니 산하에는 애니메이션을 제작하는 스튜디오가 여럿 있습니다. 이 중 디즈니 텔레비전 애니메이션

(Disney Television Animation) 아래에는 디즈니 무비툰(Disney MovieToons)이라는 스튜디오가 있었고요. 1993년에 디즈니 무비툰의 중역이 된 샤론 모릴(Sharon Morrill)은 1994년 '디즈니 비디오 프리미어(Disney Video Premiere)'를 론칭하며 비디오 영화 시장으로 사업을 확장했습니다.[6] 이후 1994년 발표된 〈알라딘 2: 돌아온 자파The Return of Jafar〉를 시작으로, 1996년 〈알라딘 3: 알라딘과 도적의 왕Aladdin And The King Of Thieves〉, 1997년 〈미녀와 야수: 마법의 크리스마스Beauty And The Beast: The Enchanted Christmas〉, 1998년 〈벨의 마법의 세상Belle's Magical〉과 〈포카혼타스 2Pocahontas II: Journey To A New World〉, 2000년 〈인어 공주 2The Little Mermaid II: Return To The Sea〉, 2002년 〈신데렐라 2Cinderella II: Dreams Come True〉, 2005년 〈뮬란 2Mulan II〉, 2007년 〈신데렐라 3Cinderella III: A Twist In Time〉, 2008년 〈인어 공주 3The Little Mermaid: Ariel's Beginning〉까지, 팀 디즈니 영화의 속편에 해당하는 비디오 영화들이 연달아 제작되었지요.

이 시기 디즈니의 극장용 2D 애니메이션은 대부분 8,000만 달러 이상의 예산과 대대적인 마케팅을 지원받아 최대 2억 7천만 달러의 박스 오피스 성적*을 거두었습니다.[7] 그

---

* 　2002년 개봉한 〈릴로와 스티치Lilo&Stitch〉의 예산은 8,000만 달러입니다. 박스 오피스 성적은 2억 731만 달러를 기록했습니다.

에 반해, 디즈니 무비툰에서 제작한 비디오 영화들은 고작 1,500만 달러 미만의 예산으로 1억 달러 이상의 수익을 벌어들였습니다.[8] 극장에 가는 것이 자유롭지 못한 영유아층을 적극 겨냥한 이 비디오 영화들은 주로 비디오테이프를 판매하고 대여함으로써 성과를 이뤄냈지요.

우리나라에도 이 비디오 영화들이 들어왔던 적이 있습니다. 어릴 적 〈인어 공주 2〉라는 제목에 혹해서 비디오를 빌렸다가, '어라?' 하고 의아해했던 기억이 있거든요. 제가 기대했던 것과 다르게, 〈인어 공주 2〉의 주인공은 1편의 주인공 아리엘이 아니라 그의 딸 멜로디였습니다. 저와 친구들은 당황했습니다. 극장판에서 우리를 매료시켰던 아름다운 바닷속 풍경들, 흥얼거리기 좋았던 노래들, 공감 가던 메시지들이 모두 다소 희석되어 있었습니다. 색감과 작화에도 현격한 차이가 있었습니다.

당시 극장에서는 〈다이노소어Dinosaur〉와 〈치킨 리틀 Chicken Little〉 〈볼트Bolt〉와 같은 3D 애니메이션이 상영되고 있었는데, 1990년대 작풍을 그대로 살린 브라운관 속 디즈니 애니메이션은 어쩐지 낡고 오래된 느낌이었지요. 저예산으로 제작한 비디오 영화는 전반적으로 퀄리티가 극장용 애니메이션에 비해 매우 낮았고, 새롭게 추가·변경된 설정들은 관객들로 하여금 신뢰를 잃게 했습니다. 무리하게 밀어붙인 캐릭터 라이선싱 역시 브랜드 가치를 지나치게 소모했고요. 당시 비디오로 〈인어 공주 2〉를 함께 시청한 저와 제 친구들은 판단을 내렸습니다. "이건 진정한 〈인어 공주〉가 아니야."

결과적으로, 불과 10년 전인 2010년 초까지만 해도 공주 이야기는 아이들에게 인기를 잃어가는 것 같았습니다. 새로운 밀레니엄에 이르러 디즈니 프린세스는 '구시대'의 아이콘이 되었죠. 디즈니는 자사 콘텐츠에서조차 자신들의 공주 이야기를 노골적으로 조롱하며 마블 코믹스(Marvel Comics)와 〈스타워즈*Star Wars*〉 시리즈, 디즈니 페어리즈 프랜차이즈로 사업을 확장했습니다. 곧 영웅들은 초능력으로 세상을 구하고 우주를 활보했으며, 요정들은 마법을 부리고 하늘을 날았습니다. 그러니 공주들이 무슨 수로 그들과 경쟁할 수 있었겠어요?

딸을 키우는 내가 디즈니에 충성하는 이유

하지만 디즈니는 2009년에 〈공주와 개구리*The Princess and the Frog*〉를, 2010년에 〈라푼젤〉을 선보였고 그로부터 3년 후인 2013년에는 〈겨울왕국〉으로 디즈니 프린세스의 부활을 알렸습니다. 당시 모 멀티플렉스 영화관에서 아르바이트를 하고 있었던 저는 어린이 손님들이 몰아닥치는 바람에 정신을 못 차릴 지경이었습니다. 아홉 개 상영관 대부분에서 〈겨울 왕국〉만 상영하고 있었음에도 영화를 보지 못하는 손님들이 생겨났습니다. 하루에도 몇 번씩 한쪽 어깨에 아이를 둘러맨 보호자들이 통로에 서서 봐도 좋으니 제발 들어가게만 해달라고 통사정을 했지요.

이러한 인기에 힘입어 2019년 〈겨울왕국 2〉가 개봉합니다. 디즈니 프린세스 역사상 최초로 '극장용 애니메이션으로 기획되어 극장 개봉한 속편' 〈겨울왕국 2〉는 존재 그 자체로 디즈니 프린세스 프랜차이즈의 화려한 부활을 뽐내는 듯했습니다. 왜냐고요? 본디 애니메이션 작품의 속편을 기획할 때 극장 개봉을 최우선으로 고려하지는 않던 디즈니 특성상, 다가올 신작이 '극장용 후속편'이라는 점이 너무도 이례적이었거든요. 이런 현상들을 보고 저는 예감했습니다. '디즈니 프린세스'의 시대가 다시 오고 있구나.

아니나 다를까, 2016년에 개봉한 〈모아나〉 또한 〈겨울왕국〉과 〈주토피아Zootopia〉의 뒤를 이어 2017년 기준 역대 디즈니 흥행 성적 3위를 달성했습니다.[9] 돌아온 디즈니 공주들에 대한 소비자들의 충성은 놀라울 정도였습니다. 디즈니의 부사장이자 글로벌 스튜디오 프랜차이즈 총괄 매니저였던 메리

비크(Mary Beech)는 2009년 한 인터뷰에서 "어머니들이 공주와 관련해선 디즈니야말로 진정성 있고 정통적인 브랜드라고 신뢰해주시는 덕분에 우리 브랜드가 존속된다."라고 언급하기까지 했죠.[10] 도대체 왜 소비자들은 디즈니 프린세스에 그토록 열광하는 것일까요? 또 '새로운' 디즈니 프린세스의 어떤 점이 그들로 하여금 10년이라는 공백을 뛰어넘어 다시 공주들을 사랑하도록 만들었을까요?

여성 주인공, 1/3과 1/10 사이

어쩌면 그들에게 다른 선택지가 주어지지 않았기 때문일 수도 있습니다. 디즈니와 픽사는 아동 콘텐츠 시장에서 여성 캐릭터를 주역으로 내세우는 비율이 비교적 양호한 축에 속하니까요. 아동 콘텐츠를 주로 창작하는 경쟁사들의 작품과 비교해보면 더 확실하게 알 수 있습니다. 디즈니와 픽사는 이 지점에서 여타 대형 애니메이션 제작사들을 월등히 능가하고 있습니다.

1989년부터 2018년까지, 지난 30여 년 동안 대형 애니메이션 스튜디오에서 제작한 110편의 영화 중 단 21편만이 여성 캐릭터를 주역으로 포함했습니다.[11] 이 중 50편의 영화를 제작한 디즈니와 픽사는 총 17편의 작품에서 여성 캐릭

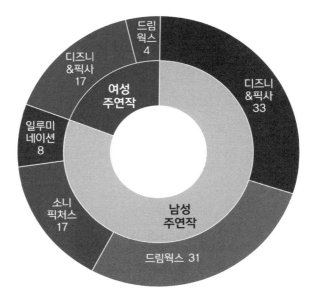

지난 30년간 대형 애니메이션 스튜디오에서 제작한 애니메이션 현황

터를 주역으로 삼았습니다. 이에 비해 디즈니의 대표적인 경쟁 상대인 드림웍스(DreamWorks) 영화에서는 총 35편 중 단 4편에서만 여성 캐릭터가 주인공의 자리를 차지했습니다. 다른 경쟁사인 소니 픽처스 애니메이션(Sony Pictures Animation)과 일루미네이션(Illumination)은 각각 17편과 8편의 작품을 제작했지만, 어느 영화에서도 여성 캐릭터를 주인공으로 내세우지 않았습니다. 21편 중 17편이라니, 과연 디즈니

공주들이 돋보일 만하지요.

　디즈니와 픽사는 여성 캐릭터가 주연인 작품의 수를 계속해서 늘려가고 있습니다. 과거의 성공이 여성 캐릭터 영화, 즉 '디즈니 프린세스 프랜차이즈'와 연결돼 있음을 인지했기 때문일 것입니다. 1989년부터 1999년까지, 팀 디즈니가 이끈 소위 '디즈니 르네상스' 동안 디즈니는 총 14편의 여성 주역 극장용 애니메이션을 제작했습니다. 반면 침체기였던 2000년부터 2009년 사이에는 여성 캐릭터를 주인공으로 한 영화가 3편밖에 나오지 않았습니다. 그리고 2010년부터 2020년에 이르기까지 다시 여성 캐릭터를 적극적으로 내세우는 방향으로 선회한 디즈니는 22편 중 12편에서 여성 캐릭터를 주인공이나 공동 주연으로 삼았습니다.

3차원의 위협을 2차원의 공주로 막을 수 있나

이런 디즈니의 모습은 젠더에 관한 현대 트렌드를 발 빠르게 쫓아가고 있는 듯 보입니다만, 조금 거칠게 표현하자면 '표심을 아는 정치인처럼 행동한다'고도 평가할 수 있습니다. 우리 세대의 선두에 자리하는 어린 관객들에게 누구나 할 수 있는 '가벼운' 여성주의적 메시지만을 보여줄 뿐, 보다 진보적이고 혁명적인 서사를 내세워 적극적으로 변화의 선봉에 서지는 않기 때문이지요.

2010년대와 2020년대의 새로운 프린세스들은 1930년대부터 1950년대까지의 작품에 기반한 디즈니의 구시대적 이미지를 꽤 성공적으로 반전시키는 것처럼 보입니다. 그도 그럴 것이 엘사는 눈과 얼음을 자유자재로 부리는 강력한 '눈의 여왕'이고, 모아나는 최초로 등장한 폴리네시아 신화 속 영웅이며, 라야는 동남아시아 문화를 배경으로 한 작품의 주인공이니까요.

그러나 자세히 살펴보면 알 수 있습니다. 결국 그들 역시 큰 눈에 매끄러운 피부, 빛나는 머릿결을 가지고 있는 십 대들이라는 것을 말입니다. 각기 다른 문화적·시대적 배경과 성격을 지녔지만, 동시에 모두 '젊고 예쁜' 주인공입니다. 때문에 자연스럽게 그들 뒤로는 완벽한 바디라인을 지닌 인형과 코스메틱, 드레스 완구들이 따라왔습니다. 그러니 정치적 올바름을 추구하려는 디즈니의 '뉴 디즈니 프린세스 마케팅'에도 불구하고 디즈니의 옛 공주들과 새로운 공주들이 근본적으로 다르지 않다는 사실을 어찌 부정할 수 있겠어요?

이때 만일 소녀들이 그들을 타깃으로 한 만화영화가 아닌 다른 콘텐츠로 대안적 선택을 한다면 어떻게 될까요? 저명한 페미니스트 연구자들인 안젤라 맥로비(Angela McRob-

bie)와 제니 가버(Jenny Garber)는 1977년 논문 「소녀와 하위
문화*Girls and subcultures*」에서 양육자들이 딸들에 대해 보다 방
어적, 보호적으로 구는 경향이 있음을 이야기합니다.[12] 공격·
폭행·범죄 등 딸들에게 가해지는 가혹한 사회적 위협이 그
원인이었지요.

21세기에 들어서면서부터 유튜브를 필두로 한 다양한
미디어 플랫폼에서 각종 아동 콘텐츠가 홍수처럼 쏟아지고
있습니다. 그와 동시에 성인이 아동 콘텐츠에 접근할 수 있는
길도 활짝 열려 있어, 성인과 아동이 같은 콘텐츠를 공유하
는 현상도 흔하게 벌어집니다. 이러한 디지털 미디어 시대에
양육자들의 염려는 더더욱 유효하고, 사회적으로 마땅한 일
처럼 보이기도 합니다.

공포스러운 상황이니만큼 양육자들은 자신의 아이가
'소녀를 위한, 소녀에 의한, 소녀의' 프랜차이즈인 디즈니 프린
세스를 소비하는 것을 보며 안심할 수밖에 없을 것입니다. 아
이가 디즈니 프린세스에 푹 빠져 있는 동안에는, 사방에 놓인
성적 위협을 피해 갈 수 있다는 이야기니까요. 양육자들이 디
즈니 프린세스 콘텐츠에 보이는 '믿음'에는 우리가 아이들을
보호할 수 있다는 희망과 아이들이 사회의 위험을 몰랐으면
하는 소망, 아이들이 어디까지나 안전한 상태로 남았으면 하

는 바람이 반영되어 있는 셈입니다.

하지만 디즈니 프린세스 콘텐츠를 통해 소녀 소비자들이 사회적 조숙, 성적 대상화, 아동 성범죄 등 실질적인 위협으로부터 보호받을 거라는 보장은 어디에도 없습니다. 소녀들이 처하게 되는 이러한 상황은 디즈니 프린세스 콘텐츠를 소비하게 된 원인만을 설명해줄 뿐, 결과를 보장해주지는 않으니까요. 그렇다면 반대로 생각해봅시다. 혹시 소녀 소비자들과 그 양육자들이 여성과 아동에 대한 사회적인 혐오 때문에, 오히려 선택의 여지 없이 시장 한구석으로 격리당하고 있는 것은 아닌지 말입니다.

스타 없는 스타워즈,
레이 없는 팀 레이

2012년, 월트 디즈니 컴퍼니는 〈스타워즈〉 시리즈를 제작해 온 영화 제작사 루카스필름(Lucasfilm)을 인수했습니다. 이후 디즈니는 〈스타워즈〉 시리즈의 일곱 번째 영화인 〈스타워즈: 깨어난 포스Star Wars: The Force Awakens〉 제작에 관여하게 되죠. 그리고 2015년 12월 18일, 팬들의 기대와 우려 속에 공개된 〈스타워즈: 깨어난 포스〉는 개봉과 동시에 기록적인 블록버스터이자 문화 현상으로 거듭났습니다. 개봉한 지 이틀 만에 무려 20억 달러 이상의 박스 오피스 수익을 올리면서 〈어벤져스: 엔드게임Avengers: Endgame〉이 개봉하기 전까지 영화 역사상 세 번째로 많은 수익을 거둔 영화에 자리했을 정도였습니다.

하지만 부풀어 오르는 기대로 화려하게 장식된 시장이라는 무대에 레이(데이지 리들리 분)의 자리는 없었습니다. 새로운 〈스타워즈〉 시리즈의 주인공임에도 불구하고요. 세계에서 가장 큰 완구 회사 중 하나인 해즈브로(Hasbro)는 레이를 제외한 액션 피규어 패키지를 발매했습니다. 밀레니엄 팔콘(Millennium Falcon)을 본딴 모노폴리 게임에서도 마찬가지였습니다. 레이가 조종사였는데도 말입니다.

무대에 주인공이 빠져 있는 이 얼토당토않은 사태에 수많은 스타워즈 팬이 레이는 어디 있냐고 물었습니다. 이들은 레이가 없는 상품이나 대형 상점 장난감 진열대 사진을 SNS

에 #WhereIsRey? 해시태그와 함께 포스팅하며 디즈니와 해즈브로의 기획된 성차별에 항의했습니다. 이는 곧 주류 웹 언론의 시선을 사로잡는 데 성공했습니다. 심지어 〈스타워즈: 깨어난 포스〉와 〈스타워즈: 라이즈 오브 스카이워커Star Wars: Episode IX The Rise of Skywalker〉의 감독 에이브럼스(J. J. Abrams)를 비롯하여 많은 출연진까지 아이들이 가지고 놀 수 있는 레이 장난감이 없다고 공개적으로 비판했습니다.[13]

디즈니와 해즈브로는 그간 여성 캐릭터들이 상품화되지 않는 데 성차별적인 의도는 존재하지 않는다고 밝혀왔습니다. 그러나 2016년 1월 25일 경제전문지 《포브스Forbes》는 익명의 내부자에게 제보를 받아 다음과 같이 보도했습니다.

> "레이를 상품에서 제외하라고 제작자들이 구체적으로 지시했습니다. 스타워즈 장난감은 남자아이들에게 맞추어진 상품이고, 남자아이들은 여성 액션 피규어로 노는 것을 좋아하지 않는다는 이유를 들면서 말입니다."[14]

소녀들에게 판매할 액션 피규어는 없습니다

굴지의 미디어 기업 디즈니와 세계에서 가장 큰 완구 회사 중 하나인 해즈브로가 이런 어리석은 결정을 하다니 우습기까지 합니다. 그러나 뿌리 깊은 차별 의식은 독약과도 같아서, 대기업의 상업적 판단마저 흐리게 하지요.

완구 시장의 성별 나누기는 1959년 마텔(Mattel)의 바비 인형이 '소녀' 장난감의 상징이 되고 1964년 해즈브로의 지 아이조(G. I. Joe) 액션 피규어가 '소년' 장난감의 상징이 된 후 부터 업계에 관행으로 자리 잡았습니다. 여러 완구 회사들은 이와 같은 태도를 오랫동안 지켜왔고, 때로는 강하게 주장하 기도 했습니다. 여자아이들은 귀여운 인형만 돌보고 싶어 하 고 남자아이들은 영웅적인 액션 피규어만을 원하니 두 시장 은 양분되어야 마땅하며 서로의 영역을 침범해서는 안 된다 고 말입니다.

이때 디즈니가 선점한 소녀 시장 영역은 앞서 언급했던 공주, 즉 디즈니 프린세스였습니다. 디즈니 프린세스 프랜차 이즈는 매년 10억 달러 이상의 매출을 올리면서 전 세계 1위 자리를 지키고 있었습니다. 2위는 스타워즈 프랜차이즈가 차 지하고 있었고요.[15]

디즈니는 호시탐탐 소년 시장으로 파고들 기회를 엿보 았습니다. 2009년 디즈니가 40억 달러에 마블을 매입한 것은 다분히 계산된 움직임이었습니다. 디즈니 프린세스 프랜차이 즈를 확장하는 방식이 아니라, 남자아이들의 것이라고 익히 알려진 프랜차이즈를 매입하는 형태로 영역을 넓힌 것이지요. 결과는 놀랍도록 성공적이었습니다. 이 사례는 2012년 디즈니가 46억 달러에 루카스필름, 즉 스타워즈 프랜차이즈를 인수하는 데에 긍정적인 영향을 끼쳤죠.

그리고 여기서 디즈니는 완구 업계의 의심스러운 성공 법칙을 고수합니다. 소녀들이 공주를 원하도록 타고난 것처럼, 소년들은 무기를 원하고 '여성적인 것'을 기피하도록 타고났다는 주장. 그들의 인터뷰 내용을 따오자면, 남자아이들이 적을 파괴하는 영웅 서사나 전쟁놀이에 열광하는 것은 여자아이들이 공주 놀이를 하는 것과 마찬가지로 "본능적인 놀이 패턴"이며[16] 디즈니는 단지 "주요 발달 단계를 명중시키고 있을" 뿐이라는 바로 그 주장 말입니다.[17]

디즈니가 스타워즈 프랜차이즈를 어떻게 마케팅했기에 과거 인터뷰까지 언급하냐고요? 디즈니와 해즈브로는 레이가 액션 피규어가 되는 것을 불허한 대신 커버걸의 스타워즈 메이크업 라인이나 보석이 박힌 스톰트루퍼 목걸이, 드레스 형태의 코스튬 제품을 출시했습니다. 스크린 속에서 여성 주인공이 광선검을 휘두르고 우주를 활보하는 와중에도, 현실에서는 소녀 소비자들에게 '분홍색' 제품을 권장한 것입니다.

이처럼 성별 구분을 불필요하게 강화하고 특정 성별의

어린이가 무엇을 원해야 마땅한지 사회적으로 암시하는 일은, 결과적으로 어린이를 포함한 소비자들이 상품을 자발적으로 선택하고 있다고 느끼게 만듭니다. 내가 '소녀'라서 이 상품을 구매하도록 유도된 것이 아니라, 나는 '소녀'니까 이 상품을 좋아하는 것이 당연하다고 생각하게끔 만든다는 것이죠. 그리고 이렇게 교묘한 마케팅 방식을 통해 완구 회사들은 장난감을 아이들의 취향을 구축하는 사회적 존재가 아닌, 그저 타고난 욕구를 충족시키는 물건으로 격하하여 각종 비판과 사회적 책임을 피해 갑니다.

하지만 이런 주장이 사실일까요? 바비 인형으로 유명한 마텔의 혁신 사례를 보면 그렇지 않다는 사실을 금방 알 수 있습니다.

하이힐을 신은 바비에서 제트기를 탄 원더우먼으로

1959년, 인류 역사상 가장 주목할 만한 인형이 태어났습니다. 미국의 작은 장난감 회사였던 마텔의 창업자이자 CEO인 루스 핸들러(Ruth Handler)가 인형 바비를 탄생시킨 것이지요. 마텔이 모든 어린이의 손에 인형을 들려준 이래로, 금발에 파란 눈을 가진 바비는 전 세계 지구인을 대표하는 '인간의 모습(人形)'이 되어 수십 년이 넘도록 시장을 지배해왔습니다.

바비는 처음부터 단색의 프랜차이즈였습니다. 1959년부터 1979년까지 바비 프랜차이즈에서 제공된 색차는 금색 또는 갈색이라는 머리색뿐이었습니다. 1980년 최초의 아프리카 및 라틴 아메리카계 미국인 바비가 출시됐지만 바뀐 것이 말 그대로 '색깔'뿐이어서 논란은 불가피했습니다. 문화적 배경이 다른 인형임에도 피부색만 바뀌었을 뿐 백인 바비를 생산하는 데 쓰는 것과 똑같은 금형(金型)을 사용했기 때문이었습니다.

마텔을 향한 거센 비판에 마케터들은 1940년대에 이루어진 연구 결과를 근거로 아동 소비자들이 '금발에 빼빼 마르고 파란 눈을 가진 인형을 선호한다'고 주장했습니다. 인형의 외형이 획일화되는 원인을 인종차별이 아닌 어린이들의 '천성적 선호'에서 찾으며 논란을 피한 것인데요. 이는 아동 소비자의 선호도와 장난감에 존재하는 인종차별 간의 상관관계를 부정하는 주장이기도 했습니다. 다시 말해, 어린이들의 획일화된 외형 선호에 완구 업계가 기여한 바는 없으니 책임을 묻지 말라는 의미였지요. 그렇게 바비는 가장 큰 인형 프랜차이즈이자 가장 유명한 백인 여성의 이름으로 영원히 소녀들의 세계를 지배할 것만 같았습니다.

하지만 2001년 MGA라는 기업이 브랏츠(Bratz) 인형을 선보이면서 바비는 난생처음 경쟁자를 마주합니다. 바비와 달리 브랫츠 프랜차이즈의 주인공은 한 명이 아니었습니다. 각기 다른 문화적 배경을 가지고 디자인된 여러 종의 인형들은 강렬하고 대담하게 청소년기를 그려내고 있었지요. 이 도전의 중심에는 다문화주의가 있었습니다. 브랫츠 프랜차이즈는 미국과 전 세계 소비자들의 다양성에 대한 요구를 인식하고 있었던 것입니다. 브랫츠 출시 이듬해인 2002년부터 바비 프랜차이즈의 판매량은 떨어지기 시작했고, 2012년까지 지속적인 매출 감소세를 보였습니다.

이윽고 마텔은 소비자들이 바비 프랜차이즈가 변하길 원한다고 결론 내렸습니다. 그리하여 2016년 바비 브랜드의 대표 라인 '바비 패셔니스타'에서 '단신(petite)' '장신(tall)' '통통한(curvy)' 3가지 체형과 7가지 피부톤을 가진 새로운 인형들을 내놓았습니다. 더 사실적인 체형과 피부톤을 제공함으로써 소녀들이 자신과 닮은 인형을 쉽게 찾도록 한 것입니다. 이후에도 2019년 휠체어 타입을 출시하는 등 지속적으로 다양성을 확장해나갔습니다. 그 결과, 2020년 기준 바비 패셔니스타 라인은 소녀들에게 9가지 체형, 35가지 피부톤, 숏컷과 아프로, 레게머리 등을 포함한 94가지 헤어스타일을 제공합니다.

그럼에도 불구하고 여전히 마텔은 완구 업계의 성별 나누기 관행으로부터 자유롭지 않습니다. 그 관행이 본격적으로 시작된 지점에 바비 인형이 있기도 했고요. 그러나 21세기를 살아가는 소녀들에게 가까이 다가가고자 하는 마텔의 새로운 시도가 점진적으로 더 나은 결과를 낳을 수 있을지도 모르겠습니다. 이미 전원 여성 캐릭터로 이루어진 액션 피규어 프랜차이즈 'DC 슈퍼 히어로 걸스(DC Super Hero Girls)'를 성공시켰고, 드림웍스 버전 애니메이션 〈우주의 전사 쉬라 She-Ra and the Princesses of Power〉를 통해 자사 캐릭터 쉬라의 파생 완구를 재탄생시켰으니까요.

DC 슈퍼 히어로 걸스는 마텔이 오리지널 쉬라 이후 30년 만에 선보인 여아 타깃 액션 피규어 프랜차이즈로, 소녀 대상으로는 쉽게 상품화되지 않았던 배트카나 전투기 장난감을 발매하는 등 여러모로 파격적인 행보를 보였습니다. DC 슈퍼 히어로 걸스의 상업적 성공은 이후 해즈브로가 '마블 라이징(Marvel Rising)'을 론칭할 때 여성 히어로들의 액션 피규어를 대거 포함하도록 결정 내리는 데에 긍정적인 영향을 미쳤죠. 만약 여러 완구 회사들이 주장해온 것처럼 여자아이들은 귀여운 인형만 좋아하고 남자아이들은 액션 피규어만을 원하도록 타고났다면, 마텔의 혁신이나 해즈브로의 새로운 결정을 제대로 설명할 수 없을 것입니다.

아이들과 사회 간의 연결고리, 장난감

그렇다면 #WhereIsRey? 운동으로 거센 항의를 받은 디즈니와 해즈브로는 자사 판매 전략을 전면적으로 재검토했을까요? 그럴 리가요. 다만 워낙 큰 이슈가 되었기에 스타워즈 완구 라인에 레이의 자리를 마련하는 리액션을 취했을 뿐입니다. 그리고 새로운 스타워즈 프랜차이즈로 천문학적인 액수의 돈을 벌어들였지요. 그러나 한번 생각해봅시다. 이런 시행착오가 없었다면 기업의 상업적 이익에 더해, 사회에는 얼마나 더 큰 이익이 돌아왔을지에 대해서 말입니다.

어린이들이 가지고 노는 장난감이 '사회적 존재'가 되면 완구 회사의 이익이 줄어들 것이라는 가설은 이미 마텔의 사례를 통해 깨졌습니다. 장난감은 어린이와 사회를 이어주는 연결고리입니다. 완구 산업이 탄생하기 아주 오래전부터 필수품으로 존재하며 어린이들의 세상을 구성해온 물건이지요. 이 사실을 숙지하는 기업만이, 어린이와 자사 모두에게 결과적으로 더 많은 이익을 가져올 수 있을 것입니다.

어린이로 하여금
마음껏 놀게 하라!

놀이는 아무것도 생산하지 않습니다. 재화를 만들어내지 않으며, 업적을 낳지도 않습니다. 사람들의 머릿속에서 놀이는 '생산적이지 않은 활동'이며, 노동의 정반대 위치에 놓여 있지요. 그렇기에 사람들은 가벼운 마음으로 놀이에 몰두하며 휴식이나 즐거움을 얻지만, 동시에 놀이란 쓸모없고 헛된 낭비에 불과하다고 생각하곤 합니다.

이러한 관점은 놀이와 여가 활동의 중요성이 저평가받는 원인이 됩니다. 비단 한국뿐 아니라 전 세계의 많은 지역에서, 놀이는 경박하거나 비생산적인 활동으로 치부됩니다. 놀이와 오락에 참여할 아동의 권리와 그 중요성이 제대로 이해받지 못한 채 무시되고 있는 것도 이와 같은 통념 때문입니다. 그래서 많은 보호자가 어린아이를 양육함에 있어 놀이보다는 생산적이라고 여겨지는 공부나 경제활동에 우선순위를 둡니다.

그러나 통념과는 반대로 〈아동의 권리에 관한 협약(United Nations Convention on the Rights of the Child, UNCRC)〉* 제31조는 당사국이 문화적, 예술적 생활에 완전하게 참여할

---

* 유엔 아동권리협약으로도 불리는 UNCRC는 강제력을 지닌 국제 협약으로, 1989년 11월 20일 UN 총회에서 채택된 이래 역사상 가장 많은 국가가 비준한 인권조약이 되었습니다. 이를 비준한 모든 조약 당사국은 자국의 국내법 체제 내에서 해당 협약의 규정이 법적 효력을 지니도록 할 의무를 지닙니다. 한국은 1991년 11월 20일에 본 협약을 비준하였습니다. (https://www.refworld.org/docid/3ae6b38f0.html)

수 있는 아동의 권리를 존중하고 촉진하며, 문화·예술·오락 및 여가 활동을 위한 적절하고 균등한 기회를 제공해야 한다고 명시하고 있습니다. 위 내용을 해설하는 일반논평 17호에서는 아동의 삶에서 놀이와 오락 활동이 가지는 중요성이 이미 1959년 아동권리선언에서 입증되었으므로, 모든 아동은 놀이와 오락 활동을 위한 완전한 기회를 가져야 하고 사회와 국가는 이 권리의 향유를 장려하기 위해 노력해야 한다고 강조하고 있고요.

놀이에 대한 통념과 전문가들의 조언이 이토록 불일치하는 이유는 무엇일까요? 해답을 찾기 위해서는 우선 '놀이'가 무엇인지 알아볼 필요가 있습니다.

앙팡 루덴스, 놀이가 낳은 인간

유엔 아동권리위원회(Committee on the Rights of the Child, CRC)는 아동의 놀이를 '어린이 스스로가 시작하고 통제 및 구조화하는 행동이자 활동 또는 과정'이라 말합니다. 한마디로, 누군가가 강제하거나 특정한 목적 때문에 수동적으로 행해지는 것이 아니라, 아동의 내면에 있는 동기로 인해 자율적으로 수행되는 행동이라는 이야기입니다.[18]

오락 또한 마찬가지입니다. 유엔 아동권리위원회가 내린

오락 활동에 대한 정의는 음악, 미술, 공예, 스포츠, 게임 등의 매우 광범위한 활동을 포괄하는 동시에, 아동이 자발적으로 선택한 활동이나 경험으로 제한되어 있습니다. 성인에 의해 조직되고 관리될 수는 있지만, 오락 활동은 기본적으로 자발적이어야 한다는 것입니다. 강제되거나 강요된 게임 및 스포츠, 의무적으로 참여해야 하는 단체 활동은 오락 활동이 아니라는 것이지요.[19]

이러한 자율성에 대한 강조는 무려 90여 년 전부터 수행된 '놀이 연구'에 기반을 두고 있습니다. 1938년 요한 하위징아(Johan Huizinga)는 저서 『호모 루덴스 *Homo Ludens*』에서 놀이 요소가 문명에 끼친 영향을 역사적 접근을 통해 탐구한 바 있습니다. 이 책에서 그는 문명이란 놀이 속에서(in play) 놀이로서(as play) 생겨나고 발전하는 것이며, 특히 문화야말로 놀이에서 생겨난다는 결론을 내립니다.[20] 그가 제시한 근거는 이렇습니다.

우선 그가 말하는 놀이의 원천에는 '자유'가 있습니다. 하위징아에 따르면 놀이란 자발적 행위입니다. 명령에 의한 놀이는 놀이가 아니라, 놀이를 모방한 것에 지나지 않습니다. 또한 놀이란 결코 의무적으로 수행해야 하는 일이 아니기 때문에 참가자의 의지에 따라 언제든지 연기되거나 정지될 수 있습니다. 다시 말해 놀고 싶은 사람이 놀고 싶은 때에, 놀고 싶은 만큼 논다는 것입니다. 이러한 자발성이 놀이의 필수불가결한 원동력으로 존재하는 한, 아무리 복잡하고 엄밀하게 조직된 놀이일지라도 그 근간에는 자유가 존재하는 것이라고 하위징아는 이야기합니다.[21]

　　그런데 만약 모든 놀이 참가자들이 제멋대로 굴면 어떻게 될까요? 놀이는 금방 엉망이 되어버리겠지요. 예를 하나 들어봅시다. 어릴 적, 친구들과 편을 나누기 위해 가위바위보를 할 때 가끔 자기가 만들어낸 이상한 기호를 내는 아이가 있었습니다. '칼'이나 '라이터' 같은 말도 안 되는 이름을 붙이고, 가위·바위·보 모두 이길 수 있다고 하면서요.

　　하지만 하위징아가 말했듯, 모든 놀이는 규칙 체계이기도 합니다. 놀이의 규칙은 무엇이 놀이이며 무엇이 놀이가 아닌가를 정해줍니다. 그래서 보편적인 가위바위보는 어디까지나 가위는 보를 자를 수 있으나 바위에 의해 뭉개질 수 있고, 바위는 가위를 뭉갤 수 있으나 보에게 감싸질 수 있고, 보는 바위를 감쌀 수 있으나 가위를 만나면 잘린다는 기본 규칙만을 허용합니다. 합의에 의해 새로운 규칙이 만들어질 순 있지만, 가위바위보의 근간을 무너뜨리는 규칙은 일시적으로 사용되더라도 금방 사라지고 맙니다. 기본 원칙이 무너진 가위바위보는 올바르게 진행될 수도 없을 뿐더러, 더 이상 '가위바위보'가 아니기 때문입니다.

물론 놀이에 참여하는 아이들은 모두 이기고 싶어 합니다. 그래서 칼이나 라이터 등 기존의 놀이 법칙을 파괴할 수 있는 변칙도 만들어내는 것이지요. 그러나 놀이에 참여하는 모든 아이는 가위는 보를 이기고 보는 바위를 이기고 바위는 가위를 이긴다는 단순한 약속이 깨지는 순간 놀이 역시 붕괴된다는 사실을 잘 알고 있습니다. 그렇기 때문에 자의적인 규칙을 규제하면서, 어떻게든 승리하고 싶은 욕망을 억제하며 기존의 가위바위보 법칙을 따릅니다. 따라서 놀이에서의 규칙은 강제적인 동시에 참가자들이 자진해서 받아들인 자발적 제약이기도 합니다. 규칙은 놀이를 지속하고 싶어 하는 참가자들의 욕망에 의해 유지됩니다. 놀이를 그만두고 싶지 않다면 놀이 자체가 망가지고 파괴되는 일을 막기 위해서 규칙을 존중하는 척이라도 해야 하기 때문입니다.

하위징아는 이처럼 다른 이와 함께 놀이를 지속하기 위해 규칙을 준수하겠다는 의지와, 그로 인해 성사되는 규칙과 자유 사이의 공존 및 균형을 '놀이 정신'의 핵심이라 보았습니다. 그리고 이러한 놀이 정신이야말로 법, 정치, 예술, 전쟁 등 인류 문명과 관계된 모든 것의 바탕이자 문명과 사회, 문화 활동을 발전시키는 주요 원동력의 하나라고 결론 내리고 있지요.

어린이를 따돌리는 사회, 어린이를 탓하는 성인

놀이 정신이 아동의 성장에 중요한 역할을 한다는 사실은 이미 수많은 연구 결과가 증명해왔습니다. 놀이는 아동이 협상하고 갈등을 해소하는 법을 배우게 해주며, 감정 균형을 되찾고 결정을 내릴 수 있는 역량을 길러줍니다. 놀이와 여가 활동을 통해 어린이는 행동하며 학습하고, 주변 세계를 탐험하고 경험하며, 그 과정에서 자신들의 사회적 역할을 이해하고 구성하는 방법을 배웁니다.

어린이의 놀이와 여가 활동은 혼자서는 물론이고 또래들, 그리고 주위 성인들과 함께 있는 모든 상황에서 이루어질 수 있어야 합니다. 어린이는 성인과 또래 관계 모두로부터 큰 영향을 받기 때문입니다. 아동은 또래와의 교제를 통해 자신들의 언어와 게임, 그 외 문화적 지식을 만들고 교류하며 그들 자신의 세대 경험을 구축해나갑니다. 한편 성인들과 긍정적으로 교류하며 독립성과 성인기로의 전환에 대해 탐구하지요. 이는 사회적 정체성과 소속감 발달을 위해 아동이 필수적으로 거쳐야 하는 과정입니다.

그러나 이러한 수많은 이점과 당위에도 불구하고 유엔 아동권리협약에 명시된 아동의 권리는 제대로 이행되지 않고 있습니다. 예를 하나 들어볼까요? 최근 들어 일명 '노키즈존' 이라는 이름으로 아동과 청소년의 상업 공간 입장을 금지하는 위법 행위가 횡행하고 있습니다. 오락과 여가, 그중에서도 아동 청소년의 오락과 여가는 생존에 필수적인 것이 아니니 배제되어도 괜찮다는 변명과 함께 말입니다. 이는 현재 우리 사회의 공공장소에서 약자에 대한 관용이 줄어들고 있다는 증거이기도 합니다.

쇼핑몰 및 기타 상업 시설에서 아동의 접근을 제한하는 것, 통행에 권한을 요하는 공동체 또는 공원, 점차 높아지는 소음 수용 기준, 행동을 엄격히 제약하는 놀이터 등. 사회가 어린이를 격리하는 방식은 매우 다양합니다. 물론 이는 모두 협약을 직접적으로 위반하는 행위이기에 유엔 아동권리위원회 역시 각국의 이러한 추세에 지속적으로 우려를 표하고 있지요. 아동을 배제하는 공간이 늘어나면 어린이의 놀이, 여가 및 문화 활동도 자연스레 방해를 받기 때문입니다.

이러한 위반 행위는 곧 아동의 비가시화로 이어집니다. 성인들은 어린이와 함께하며 그들의 관점을 배울 기회를 얻습니다. 이는 아동과 성인 사이의 효과적인 소통과 나아가 세대 간 교류에 크게 기여하지요. 그러나 단절과 격리로 인해 어린이와 만나지 못하게 되면, 성인들은 어린이라는 존재를 영영 알 수 없게 됩니다. 그들의 소통 방식이 자신과 다를 수 있다는 사실도, 이에 효과적으로 응하는 방법이 있다는 사실도 알 수 없게 되는 것이지요. 그리고 이는 장기적으로 소음이나 비위생 같은 문제의 화살을 사회적 약자인 어린이에게 돌려버리는 인식 오류로 이어지기도 합니다. 어린이를 자신과 소통하는 동료 시민이 아닌 시끄럽고 더러운 '문제' 그 자체로서 차별적으로 인식하게 되는 것입니다.

빼앗긴 운동장에도 소녀들은 오는가

유엔 아동권리위원회는 아동권리협약 제31조에 규정된 아동의 권리와 관련하여 여아, 빈곤 아동, 장애 아동 등 특정 범주에 속한 아동이 직면한 어려움에도 각별히 우려하고 있습니다. 이 중 여자아이들은 적절한 시설의 부재와 여아의 행동에 제한을 가하는 문화로 인해 온·오프라인을 막론하고 조직적으로 플레이하는 신체 활동과 게임에서 낮은 참여율을 보이고 있습니다. 이러한 경향은 여자아이들로부터 스포츠 및 디지털 미디어 활동이 제공하는 신체적·심리적·사회적·지적 혜택을 누릴 기회를 박탈합니다. 안타까운 일이지요.[22]

어릴 적 제가 살던 동네는 남자아이들의 비율이 높았습니다. 그들과 함께 놀기 위해서는 몸을 많이 움직여야 했습니다. 놀이터의 늑목과 정글짐을 오르락내리락하거나 골목길에서 공을 찼고, 텔레비전 애니메이션에 나오는 로봇 등을 흉내 내며 주먹질도 하고 발길질도 했습니다. 워낙 시끄럽게 놀았기에 주변 어른들에게 혼나는 날도 종종 있었지요. 그런데 언제부턴가 어른들이 우리를 혼낼 때, 저를 보면서 이런 말을 한마디씩 덧붙이기 시작했습니다. "너는 계집애가…" "아니 너는 어쩜 여자애가 남자애들이랑 어울려서 노니?"

저는 서서히 남자애들과 노는 일을 그만두었습니다. 초등학교 고학년쯤 되자 그런 어른들의 시선을 체화하여 '남자애들과 어울려 노는 것은 창피하고 유치한 일'이라는 인식이 굳어졌던 것이지요. 스포츠나 게임은 남자아이들의 전유물이라는 인식도 강해졌습니다. 체육 시간이 되면 남자아이들은 축구나 농구 같은 구기 종목을 즐겼습니다. 대부분 남성이었던 체육 선생들은 그들과 함께 어울리곤 했지요. 그렇지만 여자아이들한테는 전혀 관심을 두지 않았습니다. 공 하나 던져주며 피구나 발야구를 하라고 할 뿐이었지요. 그마저도 제대로 된 룰을 가르쳐주지 않았어요. 남자아이들한테는 함께 부딪치고 움직이며 룰을 상세하게 가르쳐줬으면서 말예요. 그

후 20년이 넘도록 저는 제가 운동을 싫어하는 사람인 줄로만 알았습니다.

그러다 얼마 전 TV 속에서 저와 비슷한 사연을 지닌 여성들을 접하고는 놀라고 말았습니다. 국내 최초의 여성 축구 예능 〈골 때리는 그녀들〉에는 부상도 불사하며 진지한 마음가짐으로 축구 경기에 임하는 여성 방송인들이 대거 출연합니다. 그중 한 팀인 'FC 구척장신'은 《W korea》와의 인터뷰에서 여태껏 자신이 공을 싫어하는 줄 알았다고 털어놓습니다.

"전 평생 제가 공을 싫어한다고 생각했어요. 남자애들이 축구를 하면 여자애들은 고무줄을 하는 게 당연했으니까. (…) 그런데 막상 해보니까 너무 재미있는 거야. 공놀이가. 다들 공만 보면 눈이 뒤집어져서 와르르 달려가요. 생각해보면 걔들이 왜 그렇게 공을 쫓겠어요? 재미있으니까 그러지!"

그들은 어릴 적 여자 축구팀이 없어 남자 축구팀에 들어갔다는 이야기나 축구부 매니저를 했던 이야기 등을 털어놓습니다. 한 멤버가 "원래 모델은 혼자 일하는 직업이라 적당한 거리감을 유지하는데, 이 방송을 통해 정말 가까워졌"다고 말하자 또 다른 멤버가 이렇게 덧붙입니다. "스포츠 정신이 이런 것 아닐까요? 개성 강한 사람들이 팀을 이뤄, 모두가 최선을 다해 뛰는 것."[23]

어린이에게도 등번호가 필요합니다

여러 사람이 공동의 목표를 위해 서로 타협하고 협업해나간다는 점에서 '스포츠 정신'은 앞서 하위징아가 말한 놀이 정신과도 일맥상통합니다. 골대 안에 공을 넣는 일도, 인류가 사회를 이루고 모여 사는 것도 모두 타인과 공존하기 위해 규칙을 존중하겠다는 자발적인 의지가 없었으면 불가능한 일이었을 테니까요.

스포츠나 놀이에 참여하는 것과 같은 공동체적 경험은 인간이 사회성을 기르고 소속감을 느끼는 데에 결정적인 역할을 합니다. 이는 아동의 경우에도 마찬가지입니다. 어린이는 다양한 사람들과 자발적으로 어울려보는 경험, 공동체나 '팀'에 소속되어보는 경험, 누구나 함께할 수 있는 포괄적인 공공 공간을 누리는 경험을 통해 자신의 사회적 정체성을 발견하고 구축해나갑니다. 반대로 배제와 소외는 어린이들이 스스로를 이 사회의 일원이자 권리를 가진 시민으로 인지하는 데에 큰 악영향을 미치지요. 그곳이 음식점이든 운동장이

든 상관없이 말입니다.

어쩌면 지금 이 순간에도 많은 여자아이가 스포츠나 게임을 통해 팀에 소속되어 룰을 익히고, 꾸준히 훈련하여 실력을 향상시키고, 동료들과 눈짓을 주고받으며 호흡을 맞출 기회를 박탈당하고 있을지도 모릅니다. 또 많은 아이가 한 명의 '손님'으로서 존중받으며 올바른 식사 예절을 익히거나 새로운 미적 경험을 할 기회를 박탈당하고 있을지도 모르고요. 어린이들을 사회로부터 격리하고 정당한 권리 실현을 방해하며 차별과 기회 불평등을 강화하는 이러한 장벽들은 이제 무너져야 합니다. 어른인 우리에게는 모든 어린이가 어떠한 근거에 의해서도 차별받지 않고 모든 문화 환경에 접근할 수 있도록, 자유롭게 놀이와 여가 생활을 즐길 수 있도록 보장할 의무가 있으니까요.

게임 업계,
'노답'인 줄 알았는데
오답이었습니다

아직 집집마다 컴퓨터가 보급되기 전이던 1990년대 초반, 어린이들은 게임을 하려면 오락실에 가야 했습니다. 컴퓨터게임이 무엇인지도 몰랐습니다. 가정용 비디오게임기가 있긴 했지만, 가격이 너무 비싸 접근성이 별로 좋지 않았지요. 사실상 오락실이 게임을 즐길 수 있는 유일한 장소였음에도 저를 비롯한 동네 아이들은 기웃거리기만 할 뿐, 한 번도 오락실 안으로 들어가지 않았습니다. 어른들 표현에 의하면 오락실은 '위험한 곳'이었기 때문입니다. 학교에선 잊을 만하면 '오락실에 출입하지 말라'는 가정통신문을 나눠주곤 했습니다. 호기심에 이끌려 들어갔다가 돈을 빼앗긴 아이들의 체험담이나 동네에서 불량하다고 소문 난 몇몇 아이들이 들락거린다는 목격담도 심심찮게 들려왔습니다. 남자아이 여러 명이 들어가도 해를 입는데, 하물며 여자아이인 저에겐 성범죄 위험까지 더해지니 도저히 혼자 갈 엄두를 내지 못했습니다. 그 정도로 당시의 오락실은 어린이, 특히 여자아이들에게 위험한 곳으로 인식되었습니다. 그리고 오락실에 대한 부정적인 인식은 곧 게임문화 전반에 대한 부정적인 인식으로 연결되었지요.

　게임문화가 여자아이들을 비롯한 많은 어린이에게 '유해'하다고 인식된 데엔 나름의 이유가 있습니다. 1991년에 게임 캐릭터 성비 및 성역할을 연구한 결과에 따르면, 비디오게임에 주요하게 등장하는 캐릭터의 92%가 남성 캐릭터였습니다. 여성 캐릭터는 8%뿐이었고, 그중 6%가 남성 캐릭터들이 구출하고 쟁취해야만 하는 목표이자 보상 격의 캐릭터, 일명 '붙잡힌 공주(Damsel in Distress)'였습니다.[24] 때문에 여자아이를 배제하는 한편 남자아이로 하여금 여성혐오를 체득하게 한다는 점에서 게임문화는 어린이들에게 나쁜 영향을 미치는 것으로 여겨졌습니다.

오락실, 전자상가, 소녀들의 여행유의지역

문화 내에서의 차별은 문화가 현실의 권력 불균형과 발맞추어 구성될 때에 발생합니다. 그리고 산업의 경우 권력은 보통 '돈'에서 나오지요. 1990년대 미국의 게임 산업에서 창출되는 매출과 수익의 약 75~85%는 남성 소비자로부터 나왔습니다.[25] 통계에 의하면 게임기를 갖고 있는 미국 가정은 전체의 30~50%인 반면, 정기적으로 비디오게임을 즐기는 남자아이들의 비율은 80%나 되었습니다.[26] 이에 과거 닌텐도(任天堂, Nintendo)의 대변인은 "소년들이 곧 시장입니다. 닌텐도는 핵심 소비자들을 항상 중요시해왔습니다. 소녀들이 그 핵심 그룹에 포함되면, 우리는 그들의 수요를 충족할 수 있는 방법을 찾을 것입니다."[27]라고 말했는데요. 과연 '게임보이(ゲームボー

イ, Game Boy)'라는 히트 제품을 남긴 기업답습니다.

나날이 성장하는 게임 산업의 규모에 90년대를 주름잡던 게임 회사인 소니(ソニ―, Sony), 세가(セガ, SEGA), 닌텐도의 경쟁이 심화했고, 결국 남자아이 대상 제품의 포화 현상이 일어났습니다. 게임 업계는 새로운 소비자를 찾아서 침체를 막고 시장을 확장하려 했지요. 그들이 새롭게 찾아낸 첫 번째 타깃은 소녀들이었습니다.

그러나 그들의 시도는 곧 어려움에 직면했습니다. 게임 업계는 토이저러스(Toys "R" Us) 같은 대형 장난감 가게들의 게이트키핑(gatekeeping)이 소녀 게임 시장을 만드는 데 있어 가장 큰 장애물 중 하나였다고 이야기합니다. 많은 판매처가 즉각 실적이 나타나지 않는 제품을 매대에서 바로 내려버린 것입니다. 새로운 소비자들에게 지금껏 소개되지 않았던 게임을 알리기 위해서는 충분한 시간이 필요했는데 말이지요.

게임 업계의 고난은 판매 과정에서 그치지 않았습니다. 많은 남자아이가 게임을 플레이한다는 사실은 많은 게임이 남성을 대상으로 만들어졌다는 것을 의미합니다. 한 여성 게임 제작자는 "게임 소프트웨어 코너가 여자아이들에게 남성 속옷 매장만큼 불편하게 느껴진다"고 이야기하기까지 했습니다.[28] 90년대엔 게임에 익숙한 소녀들조차 게임을 남성의 전유물로 여겼으니까요. 그러니 당시의 게임 회사들에겐 장난감 가게가 새로운 게임을 전시하도록 설득하는 동시에 구매자인 소녀와 양육자 들을 '남성의 영역'이라고 인식되는 게임 코너로 이끌어야 하는 이중의 과제가 주어졌던 셈입니다.

게임 업계의 '분홍색' 호객행위

그래서 1990년대의 여성 게임 제작자들은 창업을 통해 직접 소녀들을 위한 게임을 만들고자 했습니다. 소녀 시장을 창출하려는 여성 제작자들의 시도는 "Girls' Game Movement"라 불렸는데요, 이는 당시의 연구자들과 매우 불안정한 연합을 이루었습니다. 여성 제작자들의 시도를 뒷받침한 시장 조사(Market Research)가 여성의 취향과 관련하여 미용이나 패션, '분홍색' 같은 꽤나 성차별적인 고정관념들을 가장 먼저 찾아냈기 때문입니다.

우선 90년대에 미국 여자아이들 사이에서 가장 흥행했던 게임은 마텔의 '바비 패션 디자이너(Barbie Fashion Designer)'였습니다. 출시된 지 두 달 만에 50만 장 이상 팔리며 '둠(DOOM)'이나 '퀘이크(Quake)' 같은 유명 히트작들을 앞질렀지요. 시장 분석가들은 게임이 흥행한 원인을 바비 인형 그 자체에서 찾았습니다. 당시 바비가 3살에서 10살까지의 미국 소녀들 사이에서 99%라는 압도적인 시장 점유율을 보이고 있었기 때문입니다. 미국 소녀 한 명이 바비 인형을 평균 9개씩 가지고 있다는 시장 조사 결과까지 나올 정도였습니다.[29]

마텔과는 비교도 되지 않을 정도로 영세한 게임 회사들이 당시 마텔의 시장에 대한 결론이나 마케팅 방식을 따르려 한 건 어쩌면 당연한 수순이었을지도 모릅니다. 몇몇 게임 제작자들은 여자아이들을 겨냥한 게임 사업은 위험 부담이 크기 때문에 시장 조사에서 나온 결론을 벗어나 사업적 결정을 내리기가 힘들다고 이야기하기도 했지요. 그들은 시장의 반발에 직면하기보다는, 소비자들의 기존 취향을 토대로 우선 문을 연 뒤 한 발씩 천천히 내딛으며 영역을 확장해야 한다고 주장했습니다. 목표를 달성하기 위해선 일종의 '실용적인 타협'이 필요하다는 이야기였습니다.

더군다나 그들이 '기술적인 것'에 관심 갖도록 만들고자 하는 주요 타깃은 이미 기존 시장의 14~25%를 차지하고 있던 소녀 게이머들이 아닌, 컴퓨터나 게임기에 완전히 무관심한 아이들이었습니다.[30] 그들이 이미 관심 있어 할 법한 것을 통해 다가가는 것도 괜찮은 방법일 수 있다는 것이 제작자들의 주장이었지요. 심지어 한 여성 게임 제작자는 자신의 소프트웨어를 '여성 친화적'으로 탈바꿈시키기 위해 의류 회사와의 제휴를 모색하며 다음과 같이 말하기도 했습니다. "저는 시장 조사가 제안하는 해결책이 무엇이든 간에 따르기로 동의했습니다. 설령 그것이 분홍색 상자에 제품을 담아 배송하는 것이더라도 말입니다."[31] 즉 게임 업계에 몸담고 있던 사람 대부분이 소녀문화 전반을 디지털 기술에 더 많이 노출시킨 후, 구성원들이 그에 반응하여 취향이나 선호를 서서히 바꾸기를 기대하고 있던 셈입니다.

(   ) 이즈 더 뉴 핑크

그러나 시장 조사 결과에 사업적 결정을 의탁하는 행위엔 여러 위험이 도사리고 있습니다. 먼저 그러한 결정은 소녀 소비자들의 선택의 폭을 늘리기보다는 성별 고정관념을 강화할 가능성이 큽니다. 소녀 소비자들이 제품이 파란색이나 검은색이 아닌 분홍색이나 보라색 상자에 담겨 배송되기를 원하는 것은 결코 천성이나 우연에 의해 발생하는 현상이 아니기 때문입니다. 이러한 선호는 여자아이들이 스스로 자신의 취향을 구축할 기회를 갖기 훨씬 이전부터 존재해온 문화 산업에 의해 만들어진 것입니다. 이미 1960년대부터 많은 연구자가 아이들이 사회화(혹은 문화화)하는 데 있어 장난감과 책, 미디어가 주요한 역할을 한다고 보았습니다. 안젤라 맥로비는 아주 어린아이를 대상으로 한 출판물조차도 그 대상이 여자아이일 경우 로맨스나 미용, 요리, 패션만을 다루는 반면 남자아이일 경우 스포츠나 직업과 관련된 이야기를 다룬다고 1970년대에 지적한 바 있고요.[32] 성별에 따라 색상이 지정된 제품들, 출연자를 폭넓게 섭외하지 못한 어린이 프로그램, 관습적으로 특정 성별만을 노린 광고 등이 '어떤 성별에게 무엇이 적절한가'에 관해 아이들에게 아주 명확한 신호를 주고 있던 셈입니다.[33]

당연히 연구자들은 이미 규범화된 시장을 근거로 삼는 접근법은 마케터들이 소녀문화의 가장 정형화된 측면만을 접하도록 할 것이며, 결과적으로 낡고 편향된 제품을 낳을 것이라고 우려했습니다. 기술사회학자들이나 아동인권 운동가들의 의견도 다르지 않았습니다. MIT의 셰리 터클(Sherry Turkle) 교수는 1997년 〈나이트라인Nightline〉에서 "만약 여러분이 모두에게 더 포괄적인 컴퓨터 문화를 창조하려 들지 않고 그저 오래된 고정관념에 따라 여자아이와 남자아이를 마케팅한다면, 단지 오래된 고정관념을 강화할 뿐입니다."[34]라고 말하기까지 했습니다. 심지어 유엔 아동권리위원회는 2013년까지도 미디어 및 게임 제작자, 장난감 제조 업체에 의해 강화되는 성차별이 사회에서 전통적인 성역할 구분을 유지하는 역할을 한다며 어린이와 그 가족들이 완구와 게임의 상업화 및 마케팅에 점점 더 많이 노출되는 것에 우려를 표한 바 있지요.[35]

정리해보자면, 1990년대에 게임은 남자아이들의 전유물로 여겨졌습니다. 이에 게임 제작자들은 여자아이들을 게임 문화에 끌어들이기 위한 최선의 방법이 시장 조사를 토대로 '소녀 취향의 게임'을 만드는 것이라 여겼고요. 그러나 많은 연구자는 성별을 근거로 시장을 양분하여 접근하는 행태가 장기적으로는 성별 이분법을 강화할 것이라고 우려했습니다.

심즈ー메이플ー마비노기ー쿠키런

1990년대, 시장은 너무도 견고해 보였고, 소비문화는 좀처럼 변하지 않을 것 같았습니다. 그리고 시장을 개척하는 과정에서 다양한 취향을 지닌 소녀 게이머들은 오히려 배제되어 없는 사람 취급을 받았지요. 그로부터 30여 년이 흐른 지금, 게임 시장은 어떤 모습을 하고 있을까요?

한국콘텐츠진흥원이 2021년 시행한 「게임이용자 실태조사」에 의하면 전국의 10대에서 65세 사이 여성 1,467명 중 무려 68.5%가 어떠한 방식으로든 게임문화를 즐기고 있는 것으로 나타났습니다. 이는 2019년 61.3%보다 약 7.2% 증가한

수치입니다. 이처럼 국내 여성 인구의 전체 게임 이용률은 꾸준히 증가하는 추세를 보이고 있지요.[36]

게임문화는 그동안 크고 작은 변화를 수없이 거쳐왔습니다. 처음으로 게임에서 제가 원하는 성별과 외모를 지닌 캐릭터를 고를 수 있었던 순간이 떠오릅니다. 요즈음의 게이머들에겐 그리 대수롭지 않은 일이겠지만, 불과 몇 십 년 전까지만 해도 게이머들은 자신이 플레이하는 캐릭터의 성별이나 외모를 자유롭게 디자인할 수 없었습니다. 주어진 캐릭터 중에 여성 캐릭터가 아예 없거나 있더라도 플레이하고 싶은 외양을 지닌 여성 캐릭터가 없을 때가 대부분이었지요.

자유로운 캐릭터 디자인에 대한 여성 게이머들의 열망은 2000년대 게임 시장에 전설적인 세일즈 기록을 남겼습니다. 바로 '심즈 시리즈'입니다. 2000년 발매된 '심즈'와 2004년 발매된 '심즈 2'는 각각 1,600만 장과 2,000만 장이라는 판매고를 올리며 20년이 넘도록 세상에서 가장 많이 팔린 PC게임 중 하나로 자리하고 있습니다.[37]

그와 비슷한 시기에 한국에서 유행했던 온라인 게임에서도 똑같은 특징이 이점으로 작용했습니다. 아이러니하게도 가상 세계에서는 자신의 성별을 감출 수 있는 동시에 한계를 벗어나 자신을 있는 그대로 표현할 수 있었습니다. 보통 제 주변에서 온라인 게임을 즐기던 아이들은 크게 두 부류로 나뉘었습니다. '크레이지 아케이드'나 '카트라이더' 같은 캐주얼 게임을 즐기는 아이들과, '일랜시아'나 '메이플 스토리' '마비노기 온라인' 등의 MMORPG를 플레이하는 아이들이었지요. 캐주얼 게임 세상에서 아이들은 성중립적으로 디자인된 캐릭터를 선택함으로써 성별을 완전히 감출 수 있었습니다. MMORPG 세상에서는 자신의 캐릭터를 자유롭게 디자인하며 적극적으로 자신을 표현할 수 있었고요. 그리고 이 두 종류의 게임 모두 시스템상에 성별에 따른 캐릭터 능력 차이가 설정되어 있지 않아 모든 캐릭터가 서로 동등한 위치에서 경쟁할 수 있었습니다.

방향키가 되어줄 30년간의 플레이 로그

90년대에 수많은 시장 조사 결과들이 표준으로 여겨온 '정답'의 대부분은 불과 30여 년만에 뒤바뀔 수 있는 것들이었습니다. 게임문화에 속한 구성원들이 함께 이루어낸 성과지요.

물론 여성 소비 집단의 성장과 몇몇 게임 회사들의 선택만으로 모든 문제가 해결되지는 않았습니다. 지금도 수많은 게임 속 아트워크에 성차별적이고 편향된 이미지들이 존재하고 있습니다. 현실에서의 여성혐오가 사이버 공간에서도 여전히 유효하고요. 게임문화 내 여성혐오가 점차 더 깊어지고 교묘해지는 것에 대하여 고통을 토로하는 여성 게이머도 많습니다.

게임문화가 걸어온 지난 30년의 길은 앞으로 걸어야 할 또 다른 30년의 모습이기도 합니다. 역사와 경험을 통해 우리는 다양성의 부재가 수많은 플레이어를 소외시킨다는 사실을 이미 알고 있습니다. 이러한 소외는 게임문화와 산업의 발전을 가로막는 원인이 되고 있고요. 교차적인 시각과 포괄적인 디자인으로 모든 사람을 포용하는 것만이 게임문화를 풍부하게 할 수 있는 길이라는 사실을 다시 한번 되새겨야 할 때입니다.

역설의 요술공주
샐리가 찾아왔어요

_____

다른 계절보다 비가 더 자주 쏟아지는 여름, 미처 우산을 챙기지 못한 날에 사무실 창문 너머로 비가 오는 것을 보고 있자니 문득 어릴 적 보았던 마법소녀 애니메이션 〈요술공주 샐리〉의 한 장면이 떠올랐습니다. 애니메이션 속 세계에서도 갑자기 비가 주룩주룩 쏟아집니다. 우산이 없던 샐리가 길가에 피어 있는 수국을 한 송이 꺾어 들고 주문을 외우며 빙글 돌리니, 수국 무늬가 그려진 우산으로 변합니다. 수국, 아니 우산을 쓰고 콧노래를 흥얼거리며 돌아가는 샐리. 갑자기 그리운 마음이 솟아나 〈요술공주 샐리〉 클립 영상을 몇 개 찾아보았습니다. 그런데 웬걸. 2020년대를 살아가는 여성으로서는 상상할 수도 없는 장면이 연달아 나오는 게 아니겠어요?

〈요술공주 샐리〉에는 남자아이가 여자아이에게 폭력을 행사하는 장면이 자주 등장합니다. 작중 시대 설정이 1960년대라는 점을 감안하더라도 경악스럽지요. 게다가 위기에 처한 남자애를 구해준 샐리는 "여자애는 끼어들지 마, 싸움하는 여자애는 너무 싫어!"라는 말을 듣습니다. 여러모로 제 기억 속에 남아 있는 여느 마법소녀 애니메이션들과는 매우 다른 작품이었습니다. 저는 외쳤습니다. 나의 마법소녀가! 이럴 리가 없어! 도대체 60여 년 전, 마법소녀에게는 무슨 일이 일어났던 걸까요?

소년 만화가가 최초의 마법소녀를?

1966년 토에이(東映)에서 제작된 〈요술공주 샐리魔法使いサリ
ー〉는 모든 마법소녀 애니메이션의 시초입니다. 한국에서 본
편은 1975년, 1988년, 1990년에 총 세 차례, 속편인 제2작은
1996년, 2009년에 방영됐지요. 얼마나 오래됐는지, 1화부터
17화까지는 무려 흑백으로 송출됐습니다.

원작 작가는 요코야마 미츠테루(横山光輝)입니다. 어디선
가 들어본 이름이라고 생각하시는 분들도 있을 텐데요. 놀랍
게도, 우리에게 만화 『삼국지』로 익숙한 그 요코야마 미츠테
루가 맞습니다. 1934년에 태어난 그는 만화계의 거장으로 불
리며 『삼국지』『철인 28호鉄人28号』『자이언트 로보ジャイアントロ
ボ』 같은 다양한 히트작을 남겼습니다. 당시 토에이 테레비 부
장이었으며 후일 토에이 본사 부사장으로 취임하는 와타나베
요시노리가 그에게 여성 주인공이 등장하는 작품 제작을 제
안했고, 그것이 〈요술공주 샐리〉의 시작이었다고 합니다.

샐리가 탄생할 당시 일본은 빠르게 경제 성장을 이뤄내
고 있었습니다. 패전한 지 20여 년만인 1968년, 일본의 국민
총생산(GNP)은 세계 2위를 달성했습니다. 그에 따라 국민들
의 자부심 또한 하늘을 찌를 듯 높아졌습니다. 앞으로 일본이
경제 대국으로 거듭날 것이라는 기대는 훗날 일본의 '미래'

가 될 어린이, 그중에서도 남자 어린이에게 쏠렸습니다. 이에 1960년대 일본에서는 남성 만화가의 작품을 원작으로 하는 TV 애니메이션 프로그램이 연간 10개 이상씩 쏟아져 나왔습니다. 물론 전부 '소년'을 주인공으로 삼는 작품들이었습니다.

샐리가 일본 TV 애니메이션의 첫 여성 주인공으로 소개된 것은 그때까지 남성 중심적이었던 업계에 기념비적인 사건이었습니다. 반응 또한 폭발적이었고요. 그동안 소년 주인공이 활약하는 작품들만 보다가 〈요술공주 샐리〉를 처음 보게된 여자아이들의 마음은 어땠을까요? 2019년 여성들이 영화 〈캡틴 마블Captain Marvel〉을 보고 느꼈던 그 기분과 비슷했을까요? 당시 일본의 여자아이들은 자신을 대변할 캐릭터가 등장하길 간절히 바라고 있었습니다. 〈요술공주 샐리〉는 그야말로 시대가 바라던 작품인 셈이지요.

그러나 슬프게도 시장이 이러한 염원에 응한 이유는 소녀들의 임파워링(empowering)을 위해서가 아니었습니다. 무슨 말이냐고요?

성별로 분단된 시장, 두 동강 난 애니메이션

아동 콘텐츠 시장이 도래한 이후 마케터들은 한 가지 특이 현상을 발견하게 됩니다. 바로 남자아이들은 소녀가 주역인

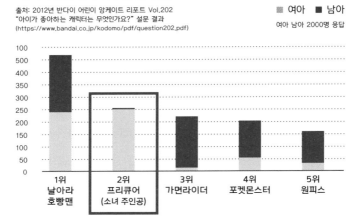

「반다이 선호 캐릭터 조사(2012년)」

출처: 2012년 반다이 어린이 앙케이트 리포트 Vol.202
"아이가 좋아하는 캐릭터는 무엇인가요?" 설문 결과
(https://www.bandai.co.jp/kodomo/pdf/question202.pdf)

■ 여아　■ 남아

여아 남아 2000명 응답

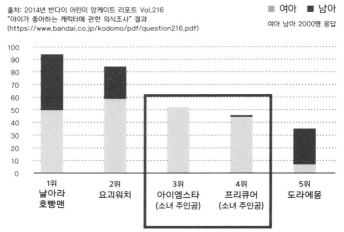

「반다이 선호 캐릭터 조사(2014년)」

출처: 2014년 반다이 어린이 앙케이트 리포트 Vol.216
"아이가 좋아하는 캐릭터에 관한 의식조사" 결과
(https://www.bandai.co.jp/kodomo/pdf/question216.pdf)

■ 여아　■ 남아

여아 남아 2000명 응답

「반다이 선호 캐릭터 조사(2016년)」
출처: 2016년 반다이 어린이 앙케이트 리포트 Vol.228
"아이가 좋아하는 캐릭터에 관한 의식조사" 결과
(https://www.bandai.co.jp/kodomo/pdf/question228.pdf)

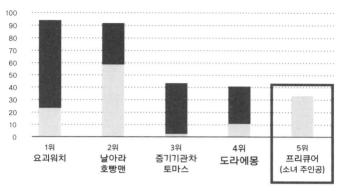

콘텐츠를 선호하지 않지만, 소녀들은 누가 주역이든 개의치 않는다는 사실이었습니다.

이는 곧 우리에게 남자아이를 주인공으로 하는 작품이야말로 '주류' 아동 콘텐츠이며, 소녀를 주인공으로 하는 작품은 '비주류'라는 착시를 일으킵니다. '소년 콘텐츠'는 보편적인 정서를 바탕으로 삼지만, '소녀 콘텐츠'는 소수 집단만을 위하는 것처럼 보이게 되는 것이지요. 이러한 착시 위에서 마케터들이 취한 전략이란, 기존에 존재하는 '보편 시장'으로부터 소녀 소비자들을 분리해내는 것이었습니다.

이를 '시장 세분화(Market Segmentation)'라고 부릅니다.

소비자의 수요를 종합적인 것으로 취급하지 않고 잘게 나누어 접근하는 것입니다. 시장 세분화 전략은 마케터들에게 여러모로 이점이 많습니다. 시장이 세분화되면 특정 소비자들을 겨냥하기가 간편해지고, 새로운 판매처를 개척해야 한다는 부담도 줄어들뿐더러, 새로운 소비 정체성이 소비자에게 일종의 압력으로 작용하여 소비를 촉진하는 효과까지 발생하기 때문입니다.

예시를 하나 들어봅시다. 여기, 여자아이를 위한 선물로 양말 한 켤레를 구매하려는 성인 소비자가 있습니다. 그의 앞에는 기본 가격이 매겨진 흰 양말과 추가 금액을 지불해야 하는 여아용 '분홍색' 양말이 진열되어 있습니다. 이 경우 대부분의 성인 소비자는 돈을 더 내더라도 '여자아이를 위한 것 같아 보이는' 분홍색 양말을 구매하게 됩니다.

같은 이야기를 〈요술공주 샐리〉에 대입해보자면 이러합니다. 기존 애니메이션에 편안함을 느끼던 시청자라도, 스스로가 '소녀'이거나 '소녀'인 자녀가 있으면 소녀 정체성이 새로이 부여된 또 다른 카테고리에 소비 책임을 느끼게 됩니다. 이는 곧 타깃 집단의 소비 증대로 연결되고요.

이러한 사실은 다음의 2019년 반다이 연례 보고를 통해 구체적으로 확인할 수 있습니다. 소녀 소비자를 타깃으로 하는 완구의 매출이 소년 대상 완구 매출을 웃돌고 있지요.[38] 그렇습니다. 지금까지 세분화된 카테고리로 소위 '비주류' 취급을 받았던 소녀 콘텐츠 시장은, 오히려 '주류'라 불리는 소년 콘텐츠 시장보다 규모가 큽니다.

〈완구 시장 규모〉

단위: 백만 엔, 제조사가 매긴 소매가격 기반 통계

카테고리	2018년 3월	2019년 3월
남자아이 장난감: 미니카, 철도 장난감, RC 장난감, 전자기기, 기타(레이싱, 스프링, 금속 장난감 등)	50,230	50,550
여자아이 장난감: 드레스업(인형, 인형의 집), 플레잉 하우스 제품들, 소녀 취미들, 소녀를 위한 캐릭터 상품, 소녀 컬렉션, 봉제 인형, 기타(액세서리, 소녀 화장품 등)	62,036	70,847

출처: 2019년 반다이 남코 그룹 연례 보고서

그렇다면 소비자 입장에서 '시장 세분화'는 어떤 의미를 지닐까요? 『우리 아이들은 어떻게 소비자로 키워지는가!*The Material Child: Growing up in Consumer Culture*』의 저자 데이비드 버킹엄(David Buckingham)에 의하면 시장 세분화는 소비자를 상품에 맞추는 전략에 가깝다고 합니다.[39] 소비자 개개인의 개성과 취향이 자신이 속한 카테고리에 서서히 맞춰지게 된다는 것이지요. 이에 따라 소비자들은 결국 자기도 모르는 사이에 자신의 취향을 직접 구축할 기회를 박탈당하고 맙니다.

소비자가 아동인 경우에도 마찬가지입니다. '남자색' '여자색'을 구분하지 않는 어린아이들에게 하늘색 남아 용품과, 분홍색 여아 용품으로 나뉜 시장을 보여주면 어떤 일이 일어날까요? 아이들은 빠르게 '하늘색은 남자색'이라고 학습합니다. 이런 일이 성장 과정에서 수년간 반복되다 보면 하늘색에 거부감을 느끼지 않았던 여자아이들조차 하늘색 상품을 포기하게 됩니다. 관습에 따라 분할된 시장이 아직 명확히 자리 잡지 않은 아이들의 기호에 영향을 끼치는 것이지요.

〈요술공주 샐리〉는 어땠을까요? 단지 주인공이 소년에서 소녀로 바뀌었다고 해서 애니메이션의 모든 내러티브가 다르게 구성될 필요는 없었습니다. 그러나 〈요술공주 샐리〉가 등장하면서 애니메이션 시장은 금세 '소년 콘텐츠'와 '소녀 콘텐츠'로 양분되었습니다. 소비를 촉진하기 위해 '소녀 콘텐츠'는 소년이 주인공이던 기존 애니메이션과 구분되어야 했기 때문입니다.

이상과 현실을 모두 담은 마법소녀

그렇습니다. 마법소녀는 자연스럽게 태어난 존재가 아닙니다. 시장과 마케터들의 편의에 의해 만들어졌지요. 〈요술공주 샐리〉는 처음부터 다른 애니메이션들과는 확연히 구분되어야 하는 운명을 타고났던 것입니다.

그랬기에 샐리에겐 맞서 싸워야 할 적도, 함께 싸울 동료도 없습니다. 마법의 힘을 지녔어도 슈퍼 파워를 가진 여느 소년 주인공들과 같을 수는 없었습니다. 소년이 아닌 소녀이기에, 소년과 같으면 안 되고 그럴 수도 없다고 여겨졌던 것입니다. 따라서 당시 가장 인기 있는 소년 만화 작가 중 한 사람인 요코야마 미츠테루의 손에서 창조되었음에도 불구하고 샐리의 마술은 친구를 돕거나 집안 문제를 해결하는 데에 그칩니다. 자연스레 〈요술공주 샐리〉의 스토리 또한 영웅적인 모험 이야기보다는 삽화적인 코미디에 가까워지게 되었고요.*

샐리의 제한된 능력은 1960년대 일본 소녀들의 처지를

---

*　　물론 이는 〈요술공주 샐리〉가 미국 드라마 〈아내는 요술쟁이*Bewitched*〉의 영향을 크게 받은 탓도 있습니다. 1964년에 미국에서 방영된 이 드라마는 2년 뒤 일본에서도 방영되어 큰 인기를 끌었습니다. 시시때때로 일어나는 소소한 사건들을 마법으로 해결하거나 마법으로 인한 소동을 수습하는 〈요술공주 샐리〉의 에피소드식 구성은 바로 여기에서 유래한 것입니다.

대변하는 것이기도 했습니다. 일본 여성들은 1800년대 후반 메이지유신(明治維新)에 이르러서야 고등교육을 받을 기회를 얻을 수 있었습니다. 아스카 시대 말(702년)에 선포된 〈다이호 율령大宝律令〉에 따르면 여성은 관리를 육성하는 정규 교육기관인 다이가쿠료(大学寮)에 입학할 수 없었습니다. 여성들이 입학할 수 있는 교육기관은 의료과인 덴야쿠료(典薬寮)와 음악과인 우타료(雅楽寮)뿐이었지요. 〈다이호 율령〉은 헤이안 시대 중엽에 이르러 사문화되었지만, 메이지유신 이전까지 엄연한 국법으로 유지되었습니다. 때문에 일본 여성들은 1899년 〈고등여학교령高等女学校令〉이 공포된 이후에야 본격적인 문물 개방과 함께 고등교육을 받을 수 있게 되었습니다.[40]

일본의 여학교 또한 대부분 1800년대 후반에 지어졌습니다. 보통 종교적인 목적을 위해 설립되었기 때문에 이 학교를 다니던 학생들은 자연스럽게 가톨릭이나 기독교를 비롯한 서양 문화의 영향을 받게 되었지요. 1900년대 중반에도 서양 혹은 서구적인 것은 일반적이고 서민적인 '일본 문화'와는 구별되는 부유함의 상징이었고, 여학교를 다니는 학생들 역시 다른 또래 소녀들에게 동경의 대상이 되었습니다. 이에 따라 소녀 시청층을 겨냥하여 제작된 〈요술공주 샐리〉에도 유래가 불분명한 수많은 서양 종교적 모티프가 등장합니다. '서양'

을 상징하는 마법 왕국과 '평범한' 일본 문화 간의 차이를 묘사하는 장면도 많고요.

이는 샐리가 마법 왕국의 공주임을 숨기고 인간 세계로 내려와서 평범한 일본의 공립 초등학교에 다니기 시작했다는 설정과도 맞닿아 있습니다. 샐리는 인간 친구인 요시코와 스미레를 사귀면서, 자연스럽게 인간 사회(일본 사회)의 다양한 풍습과 사회 규범을 배워나갑니다. 다른 세계에서 온 이방인 샐리가 자신과 마찬가지로 일반 초등학교를 다니며 자신들의 문화에 흥미를 갖고 새로이 배워나간다는 사실은 애니메이션을 보던 소녀들에게 큰 충격으로 다가왔습니다. 자신의 일상과 동경하던 이상 세계가 연결되는 순간이었기 때문입니다.

이렇게만 보면 마법의 힘을 지닌 샐리가 평범한 소녀인 학교 친구들의 문제쯤은 수월히 해결해주었을 것 같지만, 그렇지도 않았습니다. 그러한 문제를 해결하는 데 있어 샐리의 마법은 전혀 쓸모가 없었습니다. 샐리는 자신의 정체를 숨겨야 했기 때문입니다. 인간들에게 마법의 힘을 들키게 될 경우 원래 살던 마법 세계로 돌아가야 했거든요. 그리고 이 또한 1960년대 일본 소녀들의 처지를 반영하는 것이었습니다.

당시 〈요술공주 샐리〉의 주 타깃이었던 중산층 소녀들은 여학교에 다니며 비교적 좋은 교육을 받고 자유로운 삶을 누렸지만, 졸업 후엔 여느 또래 여성들과 마찬가지로 결국 결혼하여 가정에 종속되어야 했습니다. 학교에서 배운 지식과 누린 자유는 모두 숨기고 말이지요. 남자아이들과 마찬가지로 고등교육을 받았지만 단지 그뿐, 이후의 성인기까지 남자아이들과 같을 수는 없었습니다. 자신이 체득한 '교육'이라는 마법과도 같은 힘을 마음껏 뽐내는 일은, 1960년대 일본 소녀들에겐 아직 이상에 불과했습니다.

최초의 마법소녀 애니메이션인 〈요술공주 샐리〉가 지닌 역설은 바로 여기서 나옵니다. 다른 소년 영웅들과 마찬가지로 샐리에게도 인간 사회의 부조리에 대항할 수 있는 마법의 힘이 있었지만, 그것을 드러내는 것은 엄격히 금지되었습니다. 이를 들키는 순간 샐리는 성인 여성이 되어 가정(家庭)적 의무로 가득 찬 세상에 속하게 되고, 몰래 간직하고 있던 힘과 자유를 빼앗기고 말지요. 이러한 설정은 후대 마법소녀 애니메이션에도 큰 영향을 끼치게 됩니다. 주인공이 성인 여성이 아닌 '소녀'일 때만 영웅의 힘을 누릴 수 있다는 마법소녀들의 암묵적 규칙 역시 바로 이런 〈요술공주 샐리〉의 역설에서 유래한 것입니다.

성인 인증을
필요로 하는
'마법소녀' 검색 결과

'일본에서 가장 인기 있는 로봇 애니메이션'이라고 하면 많은 이가 단연 〈건담〉 시리즈를 떠올릴 것입니다. 애니메이션 제작사 선라이즈(サンライズ)에서 제작하기 시작해 지금까지 명맥을 유지해오고 있지요. 1979년 첫 방영된 〈기동전사 건담機動戦士ガンダム〉 이후 다양한 작품들이 나왔고, 2021년에는 넷플릭스를 통해 〈극장판 기동전사 건담: 섬광의 하사웨이〉를 공개하기도 했습니다.

얼핏 보면 〈건담〉 시리즈의 성공은 소녀문화와는 무관하게 느껴집니다. 그러나 건담의 창조자인 토미노 요시유키(富野由悠季)는 1998년 6월과 2009년 5월자 《뉴타입Newtype》을 비롯한 수많은 인터뷰 자리에서 〈기동전사 건담〉의 녹음실을 찾던 소녀팬들의 지지로 〈건담〉 시리즈가 성장했다고 밝힌 바 있습니다. 어떤 엔터테인먼트 사업이든 여성 소비층을 잃으면 흥행에 실패할 것이라고 주장하는 그는 제14회 부천국제판타스틱영화제에서 애니메이션을 배타적인 취미로 만드는 행위가 애니메이션 산업 전체를 위축시킬 것이라며 오타쿠 현상을 비판하기도 했지요.[41] 그는 왜 이렇게 말한 것일까요? 해답은 〈건담〉 시리즈가 탄생한 1970년대에서 1980년대 사이 마법소녀 애니메이션이 쥐고 있습니다.

내 손 안의 마법 세계

1969년, 〈요술공주 샐리〉의 뒤를 이어 방영된 〈비밀의 아코짱ひみつのアッコちゃん〉*은 모든 마법소녀 애니메이션의 원형인 〈요술공주 샐리〉보다도 더 많은 장르적 규칙을 정립했습니다.

우선 〈요술공주 샐리〉에 존재했던 '주인공이 사실 마법 왕국의 공주' 같은 비현실적인 설정이 배제되었습니다. 대신 평범한 소녀가 우연히 마법의 힘을 일시적으로 얻게 된다는 설정이 새로이 등장했죠. 그러다 보니 마법을 사용할 수 있는 '마법 도구'가 필요했습니다. 이때 아코의 마법 도구이자 마법 소녀 애니메이션 최초의 변신 도구로 선택받은 물건은 검도 지팡이도 아닌 '콤팩트 거울'이었습니다. 왜 하필 콤팩트 거울이어야 했던 걸까요?

화장품이란 관습적으로 '성인 여성'의 물건입니다. 여자 아이들에게 있어 성숙함에 가장 쉽게 접근할 수 있는 경로인 동시에 관습적 남성성과 완벽히 구분되는 도구인 것이지요. 콤팩트는 성인의 힘을 갈망하는 소녀 소비자와, 여성의 관습적 성역할을 벗어나지 않는 선에서 소녀 주인공에게 '힘'을

---

* 여기서 다루는 〈비밀의 아코짱ひみつのアッコちゃん〉은 국내 방영된 적이 없는 1969년 판입니다. 국내에 '거울요정 라라'라는 이름으로 방영된 작품은 1988년에 제작된 것으로, 두 작품은 큰 차이가 있으므로 1969년판을 기준으로 원제만 표기했습니다.

부여하고자 했던 마케터 모두에게 완벽한 타협점을 제시해주는 아이템이었습니다.

곧 콤팩트 완구는 마법소녀 애니메이션 프랜차이즈화의 서막을 올린 전설적인 아이템이자 모든 마법소녀 애니메이션 마케팅의 표준이 되었습니다. 애니메이션에 등장하는 마법 도구와 똑닮은 완구를 손에 쥠으로써 현실과 애니메이션 속 세계 사이의 경계를 허물 수 있다는 점이 어린이 소비자들을 사로잡았던 것입니다.

저희가 '오스칼'과 '세이코짱'을 어떻게 이깁니까?

그러나 상황은 급변했습니다. 1970년대에 젊은 여성들에 의해, 젊은 여성들을 위해 만들어진 '소녀만화(순정만화)'라는 장르가 새롭게 등장한 것입니다. 소녀만화는 새로운 서사 기법과 혁신적인 줄거리를 제공했는데, 이는 토에이의 클래식 마법소녀 애니메이션에 전반적으로 부족하던 요소였습니다.

『베르사이유의 장미』『들장미 소녀 캔디』『유리가면』 등 이름만 들어도 "앗! 그거!"라고 소리칠 수 있을 만한 전설적인 작품들이 모두 이 시기에 등장했습니다. 잡지《마가렛》에서 1972년부터 1973년까지 연재되었던 이케다 리요코(池田理代子)의 『베르사이유의 장미』는 애니메이션으로 방영되어 국내에서도 큰 인기를 끌었습니다. 프랑스 혁명기를 배경으로 한 소녀만화임에도 공주나 왕비가 아닌 남장 여자 '오스칼'을 주인공으로 내세우고 있지요. 당시 여성의 몸으로는 오를 수 없던 근위대장의 자리에 올라 정의를 실현하다 죽은 오스칼은 이상형이자 동경의 대상으로 수많은 소녀 독자들의 마음을 사로잡았습니다.

아직까지 완결이 나지 않아 팬들의 애간장을 태우는 『유리가면』역시 1975년부터 연재되기 시작했습니다. 국내에서는 조금 생소하지만, 일본 소녀만화계를 휩쓸어버린 야마모토 스미카의 『에이스를 노려라ェ-スをねらえ!』도 1973년부터 1980년까지 연재되었고요. 남성 독자들의 전유물이었던 이른바 '스포츠 근성물(スポ根)'의 공식을 소녀만화에 접목했다는 것만으로도 이 두 작품은 소녀 독자들의 열망을 충족시키기에 충분했습니다. 토에이의 마법소녀 애니메이션에서는 이런 요소를 찾아볼 수 없었기 때문입니다.

그뿐일까요. 경제 호황기를 맞은 1980년대 일본에서 아동 청소년층은 '버블 주니어'라 불리는 최고의 잠재 고객이 되었습니다. 잡지나 TV쇼 등 미디어는 소녀들을 가장 가치 있는 표적으로 삼았습니다. 야마구치 모모에(山口百惠)로 시작해 마츠다 세이코(松田聖子), 나카모리 아키나(中森明菜)로

이어진 아이돌 붐은 어린 소녀들의 열광을 불러일으키기에 충분했습니다.

1970년대 최고의 스타 야마구치 모모에는 어린 나이에도 불구하고 탁월한 가창력과 표현력으로 남녀노소를 사로잡았습니다. 2020년대 시청자도 매료시킬 정도의 카리스마를 지니고 있었지요. 그런가 하면 그가 은퇴한 직후 데뷔한 마츠다 세이코는 맑고 깨끗하며 귀여운 패션과 헤어스타일을 유행시키며 전형적인 청춘 스타의 길을 밟았습니다. 1980년대의 수많은 소녀가 '세이코쨩'처럼 되고 싶어 했으니까요. 반면 나카모리 아키나는 다양한 음악적 시도와 실험을 거듭하며 훌륭한 아티스트로 변모해갔습니다. 도회적이고 세련된 이미지를 가진 아키나를, 당시 소녀들은 동경할 수밖에 없었고요.

상황이 이렇다 보니 애니메이션 산업은 새로운 서사, 혁신적인 줄거리, 매력적인 캐릭터를 개발하는 것을 단념하고 아예 그들과 경쟁하기를 포기했습니다. 대신 고개를 돌려 1980년대 초에 등장한 새로운 형태의 소비 집단 '오타쿠(オタク)'에 주목하기 시작했습니다.

마법소녀 애니메이션에서 '소녀'가 사라졌다

1970년대에서 1980년대 사이에 제작된 토에이 마법소녀 애

니메이션 중에서 가장 성공적이었던 작품이 〈큐티 하니ｷｭーﾃ
ｨーﾊﾆー〉와 〈요술천사 꽃분이魔女っ子ﾒｸﾞちゃん〉라는 점에서 그
러한 정황을 찾아볼 수 있습니다. 두 작품은 고전적인 마법소
녀 애니메이션이 아닌, 실험적인 작품이었습니다. 10대 초반
의 소녀 시청자를 타깃으로 하여 제작됐음에도 불구하고 여
성의 신체를 선정적이고 도발적으로 표현했다는 공통점이 있
지요. 마법소녀 애니메이션에 남성적 시선(Male Gaze)이 개입
되는 걸 허용한 것입니다.

아시 프로덕션(葦プロダクション)과 스튜디오 피에로(スタ
ジオぴえろ) 등 다른 애니메이션 스튜디오가 제작한 마법소녀
애니메이션에서도 사정은 마찬가지였습니다. 이 시기의 새로
운 마법소녀 애니메이션들은 성적인 장면을 언급하는 소위
'팬 서비스'를 삽입하는 특징이 있습니다. 여기서 말하는 '팬'
이란 기존 시청층인 소녀들이 아닌, 성인 남성 시청층을 가리
킵니다. 경쟁 산업에 빼앗긴 소녀들 몫의 시청률을 성인층으
로 메워보려는 이러한 시도는 후대 마법소녀들의 모습을 크
게 바꿔놓았습니다. 소녀들의 장르였던 마법소녀 애니메이션
에 어린이 시청층을 소외시키는 장치들을 지속적으로 허용하
게 된 것입니다.

이후의 마법소녀 애니메이션들은 성인 남성 시청층의 존

재를 가정하여 구성되었습니다. 이는 필연적으로 '소녀 장르'라는 마법소녀 애니메이션의 정체성을 해체하고 말았죠. 소녀들을 위한 장르였던 마법소녀 애니메이션에서조차 소녀들은 주체가 아닌 객체가 되고 말았습니다.

소녀를 배제한 마법소녀, 마법소녀를 외면한 소녀들

다분히 자충수스러운 타깃 변경이 새로운 성공을 가져왔을까요? 글쎄요. 1970년대에 토에이 애니메이션은 부분적인 조정과 개선을 더해가며 마법소녀 애니메이션을 계속 제작했습니다. 그러나 시장 규모는 전반적으로 감소하는 추세에 들어섰지요. 아코짱의 콤팩트 거울을 사주었던 이가 누구인지, 소녀문화의 주인공이 누구인지 잊어버린 제작자들이 소녀문화를 소녀 배타적인 공간으로 만들며 산업을 위축시킨 것입니다. 결국 1981년 토에이는 새로운 마법소녀 애니메이션 제작을 중지하고 대신 〈요술공주 샐리〉와 〈비밀의 아코짱〉의 리메이크판을 만들게 되었습니다.[*]

---

[*] 애니메이션과 게임 콘텐츠에 한하여, 성인 시장과 아동 시장은 그 규모부터가 다릅니다. 일본경제신문에 의하면, 2020년에 15주년을 맞이한 '아이돌 마스터'는 그간 총 600억 엔의 수입을 거뒀습니다(https://xtrend.nikkei.com/atcl/contents/watch/00013/01137/). 성인을 대상으로 한 2D 아이돌 콘텐츠로서는 어마어마한 성과였죠. 그러나 같은 반다이 프랜차이즈면서 아이돌을 주제로 한 아동 콘텐츠 '아이엠스

앞서 언급했던 토미노 요시유키의 발언을 다시 돌아볼까요? 크리에이터 본인의 주장임에도 불구하고 엄밀한 통계 보고서가 없기 때문에 검증하기는 어렵습니다. 그러나 그의 말을 뒷받쳐주는 두 가지 명백한 사실이 있습니다. 1970년대부터 1980년대까지 마법소녀 프랜차이즈가 전반적으로 침체되었다는 사실, 그리고 1992년 소녀들의 마음을 사로잡은 새로운 마법소녀가 나타나기 전까지 그 어떤 작품도 〈비밀의 아코짱〉과 같은 성공을 거두지 못했다는 사실입니다.

타(원제: 아이카츠アイカツ!)'는 6년 만에 그만큼을 벌어들였죠. 마찬가지로 지난 2018년에 15주년을 맞이한 아동 대상 콘텐츠 '프리큐어 시리즈'의 15년 치 총수입은 무려 1400억 엔으로, '아이돌 마스터'의 두 배를 훌쩍 넘는 액수입니다.

세일러 문은
왜 세상을
구하지 못했을까?

1997년 4월 1일. 어떤 이에게는 평범한 하루였을지 모르지만, 누군가에게는 인생이 바뀐 날입니다. 바로 KBS 2TV에서 〈달의 요정 세일러 문美少女戰士セーラームーン〉이 처음 방영된 날이었거든요.

TV 앞에 무릎을 끌어안고 앉아 보았던 오프닝은 그야말로 충격이었습니다. 지금껏 어린이 대상 만화영화에서는 볼 수 없었던 도회적이고 몽환적인 연출은 저는 물론 그 당시 만화영화를 즐겨 보던 여자아이들의 마음을 전부 사로잡아버렸습니다.

특출난 것 없이 평범한 소녀였던 '세라(츠키노 우사기)'가 우연히 이마에 반달 무늬가 있는 고양이 '루나'를 만나 '세일러 문'이 되고, 지구를 집어삼키려는 요마들과 대적한다는 점도 한몫했습니다. 거대한 임무를 지고 있는 세일러 전사들의 면면은 모두 평범했습니다. 덜렁대는 울보 세라부터 모범생인 '유리(미즈노 아미)', 활발하며 이성교제에 관심 많은 '비키(히노 레이)', 키가 큰 탓에 오해받지만 사실 누구보다 섬세한 '리타(키노 마코토)', 세라 못지않은 말괄량이 푼수 '미나(아이노 미나코)'까지. 하지만 이들은 변신을 통해 인간을 초월한 마물들과 대등하게 맞서 싸울 '힘'을 얻게 되고, 마침내 승리하지요. 당시 여자아이들이 쉽게 〈세일러 문〉 시리즈에 공감하고

동화될 수 있었던 것은 그러한 특징 때문일 것입니다.

그 덕분일까요? 〈세일러 문〉 시리즈는 요술봉 등 변신 아이템에만 한정되어 있던 마법소녀 애니메이션의 판매 품목을 다른 차원으로 도약시켜놓았습니다. 세일러 전사들과 고양이 루나 인형, 직접 입을 수 있는 의상, 애니메이션 내용을 소설화한 단행본, 일본에서 상연되던 연극과 뮤지컬까지 포함하면 그야말로 어마어마한 규모였습니다.

판매 실적 또한 대단했습니다. 〈세일러 문〉 시리즈의 첫 번째 장난감 상품 '문 스틱'은 약 50만 개에서 60만 개가 팔렸습니다. 파생 상품들은 미화로 약 150만 달러에 달하는 1억 5,000만 엔의 수익을 올렸고요. 일본 최대의 완구 회사 반다이는 시리즈가 완결된 직후인 1998년과 1999년 사이에 18억 달러의 총수입을 기록했는데, 이 중에서 〈세일러 문〉 완구 판매 금액이 약 4억 달러가량을 차지했죠. 1990년대, 〈세일러 문〉 시리즈는 시청률뿐만 아니라 판매량으로 보아도 전 세계에서 가장 인기 있는 애니메이션이었습니다.[42]

여성 캐릭터를 주역으로 내세운 콘텐츠로서 〈세일러 문〉 시리즈가 거둔 성과는 그야말로 눈이 부실 정도입니다. 이렇게 강력한 여성 영웅이 TV에 등장한 것도 모자라 전 세계 시장을 장악했으니, 다음 세기 일본 여성들의 사회적 입지는 어딘가 달라질 것만 같았습니다. 그러나 2000년대를 맞이한 일본의 모습은 그렇지 않았습니다. 각국의 성평등 지수를 측정하기 위해 세계경제포럼이 발간해온 「세계 성별차 보고서 *The Global Gender Gap Report*」에서 일본은 2006년 110개 국가 중 79위를 차지했습니다.[43] 2021년에는 156개 국가 중 120위에 자리했고요.[*]

자연스럽게 되돌아보게 됩니다. 세상을 구할 것처럼 보였던 전대미문의 대히트작 〈세일러 문〉에 담긴 여성주의적 메시지의 본질을요.

거품 괴물 vs 문 파워 액션

1986년부터 1991년까지 일본은 주식과 자산 가격이 가파르게 치솟는 현상을 겪고 있었습니다. '거품 경제'가 도래한 것이었습니다. 1992년 초, 이 거품이 꺼지면서 장기적인 경기 침체가 예견되었고 이에 따라 혼인율과 출생률이 급격히 떨어졌습니다. TV 편성표의 황금 시간대를 당당히 차지하고 있던 유아동 콘텐츠들의 시청률 또한 하락하기 시작했습니다.

마케터들은 즉시 대안이 되어줄 '제2의 시장'을 찾아냈

---

[*]　한국은 102위를 기록했습니다.

습니다. 바로 당시 새로운 소비층으로 떠오르던 '여성'이었습니다. 새로운 소비자 집단을 찾던 마케터들에게 이제 막 집 밖으로 나와 일하기 시작한 여성들은 매우 매력적인 타깃이었습니다.

그러나 소비 주체로 점찍힌 여성들은 곧 깨닫게 되었습니다. 기존 상품에는 자신들이 이입할 만한 면모가 없다는 것을요. 애니메이션 또한 마찬가지였습니다. 1990년대에 이르자, 오랜 침체기 끝에 녹이 슨 '클래식' 마법소녀 애니메이션은 여성들에게 더 이상 매력적으로 느껴지지 않게 되었습니다. 어떤 연령대의 여성에게든 말입니다.

그때 토에이와 코단샤(講談社)의 눈에 띈 것이 바로 신인 만화가 타케우치 나오코(武内直子)의 〈코드 네임은 세일러 V ㅋㅡㄷ ㅋㅏㅡㅁ ㄴ ㅋ ㅡㄹㅡ V〉였습니다. 1991년 처음 《룬룬》에 연재되기 시작했을 때만 해도 〈코드 네임은 세일러 V〉는 젊고 유망한 여성 작가의 단편 작품에 불과했습니다. 그러나 내로라하는 아동 콘텐츠 제작자들의 손에서 이 작품은 전혀 다른 무언가로 새롭게 기획되기 시작했습니다.

우선 원작에서는 단 한 명에게만 주어졌던 영웅의 자리가 갑자기 한꺼번에 여러 명에게 주어졌습니다. 다인원은 고사하고 여성 캐릭터에게 주어지는 일조차 드물었던 바로 그

영웅의 자리가 말입니다. 이는 토에이와 반다이(バンダイ)가 이미 몇 번이나 성공을 경험했던 확실한 필승 전략, '미디어 믹스(メディアミックス)'를 실행하기 위한 것이었습니다. 이들은 매년 소년 소비자들을 상대로 〈슈퍼전대スーパー戦隊〉* TV 시리즈와 영화, 완구 및 파생 상품, 라이브 쇼 및 출판물 등을 통해 어마어마한 수익을 올렸는데요. 그 판매 전략을 소녀 소비자들을 겨냥한 문화상품에도 그대로 접목한 것입니다.

〈코드 네임은 세일러 V〉는 미디어 믹스로 제작되기 좋은 형태의 신작 〈미소녀 전사 세일러 문〉으로 재탄생되어 《나카요시》에서 연재되기 시작합니다. 동시에 세일러 문의 첫 애니메이션이 1992년 3월에 공개되어 TV 아사히에 의해 매주 토요일 오후 7시에 방영되었지요. 소위 '황금 시간대'라고도 불리는 이 슬롯은 〈세일러 문〉 시리즈 전용석이 되었습니다. 그 뒤 후속작인 〈세일러문 R〉 〈세일러문 S〉 〈세일러문 SuperS〉가 그 자리를 고스란히 물려받았지요. 결과는 어땠을까요? 앞서 언급한 판매 실적을 보면 굳이 설명하지 않아도 될 것 같습니다.

---

* 국내에는 '파워레인저'라는 이름으로 수입되어 방영되고 있습니다.

다이아몬드는 소녀들의 단짝친구

이 모든 것이 순전히 마케팅 덕분이었는가 하면 물론 아닙니다. 〈세일러 문〉의 신전을 이루었던 첫 번째 기둥이 마케팅이라면, 두 번째 기둥은 바로 90년대 일본 소녀들의 관심과 취향이라고 할 수 있겠습니다. 이와 관련하여 원작자인 타케우치 나오코는 2013년 여성 잡지 《ROLa》와의 인터뷰에서 이렇게 밝힌 적이 있습니다.

> 구세대 아저씨들한테 소녀 캐릭터 사업을 맡기면 안 되겠다는 생각이 들더라고요. (…) 당시에는 《나카요시》 편집부에도 머리가 딱딱하게 굳은 아저씨들뿐이었고, 우리 같은 여성 작가들의 의견은 좀처럼 받아들여지지 않아서 힘들었어요. (…) 〈세일러 문〉이 만들어질 당시에는 저도 20대 여성이었고 반다이 담당 직원 중에도 젊은 여성분들이 많았어요. 그 여성들의 관점이 좋은 시대의 좋은 타이밍에 잘 살아난 작품이라고 생각해요.[44]

1985년 〈남녀고용기회균등법男女雇用機会均等法〉이 제정되면서 일본 여성들의 사회 진출이 본격화되었고 1990년대에 이르러서는 업계 전반에 일하는 여성들이 많아지게 되었습니다. 경제적 독립을 갓 획득한 여성들에게 소비 행위는 오래도록 '힘과 자유에 다가가는 또 하나의 통로'로 여겨져왔습니다. 시장은 연신 '여성 소비자들의 권리 의식이 향상되었다' '여성의 구매력이 크게 증가되었다'고 외치며 여성들의 소비 행위를 적극적으로 북돋았고요. 일본 소녀들에게도 점차 자신감, 잠재력, 야망 등의 가치가 강조되기 시작했습니다.

'젊은 여성들.' 당시 어린 소녀들의 관심과 취향은 바로 여기에 있었습니다. 〈세일러 문 R〉부터 〈세일러 문 SuperS〉까지 시리즈 디렉터를 맡았던 이쿠하라 쿠니히코(幾原邦彦)는 2010년 베이징대학과 메이지대학이 주최한 심포지엄에서 "〈세일러 문〉 시리즈는 사회에서 적극적인 역할을 맡아 일하는 오늘날의 직장 여성들을 본따 만들어졌다"고 언급했습니다. 그리고 〈세일러 문〉을 보던 모든 소녀가 바로 그 '일하고 소비하는 커리어 우먼'을 꿈꾸고 있었지요.[45]

그래서인지 〈세일러 문〉 시리즈의 주인공 세라는 여느 소녀 애니메이션의 '착한' 주인공들과는 무척 다릅니다. 지금 다시 봐도 어색하지 않을 정도로 소비 지향적이고 물질주의적이지요. 처음 '세일러 문'으로 변신하는 1화만 보아도, 친구 '한나(오사카 나루)'의 어머니가 운영하는 보석 가게가 세일 중이라는 소식을 듣고 곧장 그곳으로 달려가는 모습을 확인할 수 있습니다.

예쁘고 친근하며 매력적인 여성주의, 시장 페미니즘

그렇다면 여성의 소비력과 소비 욕구가 상업적인 영역에서 인
정받았다는 사실과 여권 신장 사이에는 얼마큼의 관계가 있
는 걸까요?

물론 전무하지 않지요. 이것은 명백한 사실입니다. 그러
나 한편으로 여성 소비자들의 시장가치와 사회적 입지는 철
저히 분리되어 다루어졌습니다. 마케터들은 성평등을 구현
하려던 것이 아니라 그저 구매력 높은 별개의 소비 집단을
구축하려 했을 뿐이니까요. 그럼에도 불구하고 상품을 구매
하고 소비하는 행위가 여성주의적인 메시지와 결합되면 바로
그 지점에서 '시장 페미니즘(Market Feminism)'이 탄생하게 됩
니다.*

시장 페미니즘이란 간단히 말해 시장이 제공하는, 대중
에게 '잘 팔리는' 여성주의적 메시지입니다. 가부장제를 직접
공격하기보다는 자본주의를 포함한 현 체제에 도전하지 않는

---

*   광범위하게 'Commodity feminism' 'Commodified feminism' 'Commer-
cialization of Feminism'과도 통용될 수 있습니다. 대표적인 현상으로는 여성주의적 메
시지를 제품 광고에 이용하는 펨버타이징(Femvertising)이 있지요.

개인적인 성공, 권력, 자율성에 중점을 두지요. 쉽고 단순하고 친절하고 부드러운 페미니즘. 이것이 바로 대중 친화적인 시장 페미니즘의 특징입니다.

시장 페미니즘은 여성주의적 메시지를 누구나 소비할 수 있고, 소비해야만 하는 하나의 브랜드로 재구축합니다. 물론 여성주의적 메시지는 널리 퍼질수록 좋지요. 그러나 최대한 많은 사람에게 소비되려면 여성주의의 예쁘지 않고, 매력이 떨어지며, 친근하지 못한 메시지들은 소거되어야 합니다. 인기가 많으려면 모나서는 안 되거든요.

그래서 전 세계의 시청자들을 매료시킨 대히트작 〈세일러 문〉 시리즈는 여성주의적 메시지에 일면 부응함과 동시에 어디 하나 '모난 곳'이 없습니다. 〈세일러 문〉의 내용은 일본의 전통적인 성규범이나 가부장적 규범을 근본적으로 위협하지 않습니다. 비주얼과 내러티브, 여성주의적 메시지 모두가 대중의 눈과 귀에 한없이 긍정적이고 매력적일 뿐입니다.

분명 〈세일러 문〉 시리즈는 시청자들로 하여금 여성으로 태어나 살아가는 것을 긍정하게 해주었습니다. 그러나 어디까지나 여성됨과 소녀됨의 불편하고 부정적인 이면을 보여주지 않는 방식으로 이루어졌습니다. 시장은 공범이 되어 이 사실을 조용히 숨겼고요. 당시 현실을 살아가던 소녀들이나 직장인 여성들이 부여받은 자유는 오로지 소비할 수 있는 자유뿐이었습니다. 모두가 〈세일러 문〉의 눈부신 성과에서 눈을 떼지 못하는 동안, 일본 여성들이 직면한 불평등한 현실은 외면당했습니다.

예를 하나 들어볼까요? 〈세일러 문〉을 등장시킨 토에이 마법소녀 프랜차이즈에선 2020년 〈힐링굿 프리큐어ヒーリングっど♡プリキュア〉 이전까지 여성을 TV 시리즈 디렉터로 임명한 적이 없었습니다. 1990년대 당시는 물론이거니와, 마법소녀 애니메이션의 역사가 시작된 뒤 반세기가 흐른 2016년까지도 말입니다. 〈세일러 문〉 시리즈의 성공에 기여했던 여성 애니메이터들은 모두 어디로 사라졌던 걸까요? 소녀들이 동경하던 '일하고 소비하는 커리어 우먼'들은, 혹시 세계 최대로 벌어진 남녀 임금 격차의 구덩이에 빠져버린 것 아닐까요?

30분짜리
장난감 광고가 된
어린이 애니메이션

_____

2000년대에 초등학생이었다면 누구나 〈꼬마마법사 레미おジ
ャ魔女どれみ〉 시리즈를 동경했을 것입니다. 〈세일러 문〉처럼 엄
청난 열풍을 이끌어내진 못했지만, 그래도 제 또래 많은 여자
아이가 이 애니메이션을 참 좋아했습니다. 등장인물들의 연
령대가 낮아 초등학생이 이입하기 쉬운 일상 이야기가 많았
기 때문이지요.

화려하진 않았지만 작고 소박한 마법도 매력 포인트였
습니다. 많은 마법소녀 애니메이션 중에서 저는 〈꼬마마법사
레미〉 시리즈에 등장하는 마법 도구들을 가장 동경했습니다.
하나같이 영롱하게 빛을 내는 아이템들이라 너무도 탐이 났
던 기억이 납니다. 그랬던 아이가 저만은 아니었는지, 〈꼬마마
법사 레미〉 시리즈는 변신 완구 판매로 5년간 총 230억 엔의
수익을 거두었습니다.[46] 어린이들의 평가로 보나 상업적인 수
치로 보나 매우 성공적인 결과였지요.

그런데 2019년 2월 14일, 시리즈 디렉터 사토 준이치(佐
藤順一)는 《PASH! PLUS》에서 진행한 〈꼬마마법사 레미〉 탄
생 20주년 기념 인터뷰에서 놀랍게도 다음과 같은 사실을 밝
혔습니다.

당시 저희는 아이들의 반응보다는 시청률과 완구 판매에

대응하고 있었습니다. 저는 이 시리즈가 어떻게 아이들을 즐겁게 했는지 전혀 몰랐어요. (…) 그들의 반응을 바로 이해할 수 없었습니다. 얼마나 잘됐는지, 어떻게 했어야 하는 건지 이런 걸 보는 데 20년이 걸렸어요.[47]

그 나이대 소녀들이라면 누구나 한 번쯤 봤을 정도로 큰 인기를 끌었던 작품인데도 불구하고, 정작 당시 스태프들은 오로지 시청률과 완구 판매 수익에만 신경 쓰고 있었다는 것입니다. 〈꼬마마법사 레미〉 시리즈에 뒤이어 제작되었던 마법소녀 프랜차이즈 '프리큐어(プリキュア)'를 두고도 비슷한 발언이 나온 적 있습니다. 2004년부터 2017년까지 모든 〈프리큐어〉 애니메이션 제작에 참가한 유일한 시나리오 작가인 나리타 요시미(成田良美)는 자신의 에세이에 다음과 같이 썼습니다.

'새 장난감이 곧 출시될 예정이니 애니메이션에 나올 수 있게 해달라'는 요청을 받는 등, 신제품을 소개하기 위해 스토리 라인을 바꾸는 경우도 흔합니다. 저는 이것을 '장난감 문제'라고 부르는데, 꽤 골치 아픈 문제입니다.[48]

완구 제조 업체가 애니메이션의 스토리에까지 관여한다

니, '장난감 많이 팔겠다고 정말 애쓰는구나' 하는 생각까지 듭니다. 그런데 이 '애씀'은 과연 소녀문화에 긍정적인 영향을 끼치고 있을까요?

유통기한 1년짜리 소모품 마법소녀들

토에이 마법소녀 애니메이션의 최근작인 〈프리큐어〉 시리즈는 16년이 넘도록 캔슬되지 않고 꾸준히 방영되고 있는 만큼, 대히트작이었던 이전 시리즈 〈세일러 문〉이나 〈꼬마마법사 레미〉보다도 상업성이 뛰어납니다. 〈프리큐어〉 시리즈의 첫 번째 작품인 〈빛의 전사 프리큐어ふたりはプリキュア〉와 〈프리큐어 Max Heartふたりはプリキュア Max Heart〉는 224억 엔의 수익을 올려, 마법소녀 애니메이션 역사상 가장 높은 장난감 판매 기록을 세우기까지 했습니다.[49]

그런 만큼 장난감 제조사인 반다이는 〈프리큐어〉 시리즈에 파격적인 수준으로 관여합니다. 이는 아동 콘텐츠 시장에서 반다이가 습득한 노하우를 그대로 따랐던 결과라고 할 수 있습니다.

우선 〈프리큐어〉 시리즈는 작고 저렴하여 쉽게 수집할 수 있는 장난감과 이 작은 장난감을 모두 수집해야만 완전한 기능을 발휘할 수 있는 크고 비싼 장난감을 함께 생산해왔습니다. 핵심은 아이들의 '수집욕'을 자극하는 것입니다.

2016년, 토에이의 마법소녀 애니메이션 50주년 기념작인 〈마법사 프리큐어魔法つかいプリキュア!〉는 〈빛의 전사 프리큐어〉에 나타난 운명적인 파트너십과 〈요술공주 샐리〉에 나타난 이세계 소녀들 사이의 우정을 오마주했습니다. 13살 인간 소녀 '선미래(아사히나 미라이)'는 마법 세계에서 온 마녀 견습생 '문리아(이자요이 리코)'를 만납니다. 처음엔 미래가 리아와 함께 마법학교에 가지만, 미래가 인간 세계로 돌아오자 이번엔 리아가 미래를 따라가서 룸메이트이자 친구가 되죠.

그러나 우정을 다루었다는 공통점이 무색할 정도로 〈마법사 프리큐어〉의 장난감 판매 방식은 〈요술공주 샐리〉와 판이하게 다릅니다. 〈요술공주 샐리〉가 기껏해야 샐리의 캐릭터가 그려진 상품을 판매하는 것에 그쳤다면, 〈마법사 프리큐어〉의 어린이 시청자들은 미래·리아와 함께 '링클 스톤'이라 불리는 보석을 모아야 합니다. 이 링클 스톤은 '링클 스틱' '링클 스마트북' '플라워 에코 완드' '레인보우 캐리지'와 같은 더 큰 장난감과 연결됩니다. 링클 스톤을 더 큰 장난감에 부착하면 어린이 소비자들은 '더 강력한 프리큐어의 힘'을 얻게 됩니다.

두 번째로 〈프리큐어〉 시리즈는 전체 프랜차이즈를 구성하는 핵심 틀, 예를 들면 '여자아이들이 격투를 중심으로 악의 무리와 맞서 싸운다'는 설정만을 남겨둔 채 매년 새로운 애니메이션으로 리뉴얼됩니다. 이를 '갱신 시스템'이라고도 하는데, 마케팅상의 편의와 깊은 관련이 있습니다.

어린이 애니메이션을 제작하고 마케팅하는 데 있어 가장 큰 난제 중 하나는 타깃 시청층이 빠르게 성장한다는 점입니다. 불과 작년까지만 해도 주요 시청층이었던 시청자가 올해엔 타깃에서 제외될 수 있다는 것이지요. 그렇기에 해마다 그에 맞춰 새로운 마케팅 방식을 개발해내야 하는데, 이는 말처럼 쉽지만은 않은 일입니다. 가령 4세에서 9세라는 고정 시청층을 유지하고 일관되게 사용해오던 편리한 마케팅 방식을 유지하기 위해서는 캐릭터들이 4세에서 9세 사이의 어린이들과 지속적으로 관계 맺을 수 있어야 합니다. 그 말인즉슨 등장인물들이 시청자들 또래거나 약간 더 나이가 많은 '언니'로 영원히 남아 있어야 한다는 뜻이죠.

여기에 〈프리큐어〉 시리즈는 이런 해법을 제시했습니다. 매년 새로운 캐릭터가 새로운 장난감을 들고 등장하지만 그들은 모두 프리큐어 전사입니다. 새로 나온 장난감 또한 모두 프리큐어의 무기고요. 애니메이션의 내러티브와 큰 틀엔 변함이 없지만, 겉모습은 매년 바뀝니다. 겉모습이 바뀌면 올해도 예년과 같은 방식으로 완구 세트를 판매할 수 있을 뿐만 아니라 여전히 중학생인 새로운 주인공들을 등장시킬 수 있거든요. 프랜차이즈 전체가 마치 냉장고에 넣어둔 것처럼(!) 신선하게 유지되는 것입니다.

결과적으로 이 시스템은 성공했습니다. 2024년까지 시리즈가 지속될 경우 〈프리큐어〉는 20주년을 맞이하는 최장수이자 유일한 마법소녀 프랜차이즈가 됩니다. 하지만 애니메이션 속 주인공들은 결코 시청자들과 함께 성장할 수 없습니다. 그들 모두 유통기한이 1년이기 때문입니다.

프리큐어 전사들도 빠져나갈 수 없었던 자본의 덫

그러나 시작부터 소녀 캐릭터들에게 이처럼 명확한 한계가 부여되었던 것은 아닙니다. 〈프리큐어〉 시리즈의 창시자 와시오 타카시(鷲尾天)는 2018년 2월 28일, 국제 여성의 날을 기념해 《아사히신문》과 진행한 인터뷰에서 이렇게 말했습니다.

기획서에 쓴 콘셉트는 '소녀들도 날뛰고 싶다!'였습니다. 이전까지의 소녀 애니메이션은 '마법물'이 많아서 액션이 별로 없다고 생각했습니다. (…) 기획을 생각해냈을 때 '어린이는 남자아이나 여자아이나 다르지 않다'고 생각했습니

117

다. 양육자들이 "여자답게 굴어라." "남자답게 굴어라." 하고 교육하면서 점점 분화되는 것이라고요. 저도 어렸을 때는 옆집에 사는 여자아이와 함께 놀았습니다. 어른으로 변하는 변신 놀이도 같이했어요. 그래서 여자아이들도 변신물을 좋아할 것이라고 확신했습니다. 〈드래곤볼 Z〉를 만들던 니시오 다이스케(西尾大介) 씨에게 감독을 부탁했습니다. 액션을 기본으로 하는 까닭에 방송 개시 전에는 "여자아이들이 봐줄까요?"라는 말을 듣기도 했습니다. 변신 아이템인 장난감은 휴대 전화 형태로, 카드를 읽혀 노는 방식입니다만, 장난감 회사 쪽에서는 "여자아이들은 카드를 가지고 놀지 않는다. 카드를 가지고 노는 건 남자아이들뿐이다."라는 의견도 있었다고 합니다. 하지만 방송 첫날 인근 장난감 가게에 물어봤더니 줄기차게 팔리고 있다고 하더라고요. (…) 남녀의 차이에 대한 이야기는 절대로 담지 않았어요. '여자아이니까' '남자아이니까' 같은 대사도 없앴습니다. (…) 프리큐어의 전투에는 남자 캐릭터가 참가하지 않습니다. 잘생긴 남자 캐릭터도 등장하지만 힘없는 존재입니다. 여자아이가 주역이 되어 돌파해나가는 것을 보여주고 싶었습니다. 아무리 거대한 것에 맞선다 해도 스스로 해결하는 마음이 가장 중요하다고 생각했습니

다. (…) 여자아이들이 늠름하게, 자신들의 발로 땅에 선다
는 것이 제일이라고 생각하며 프리큐어 시리즈를 만들어
왔습니다.[50]

　처음 〈프리큐어〉 시리즈를 접했을 때의 충격을 잊을 수
없습니다. 〈세일러 문〉 시리즈를 처음 접했을 때와는 완전히
다른 종류의 충격이었습니다. 주인공들이 반짝반짝하는 마
법이 아니라 격렬하게 몸을 사용하는 난투로 적들을 퇴치했
으니까요. 시리즈의 첫 번째 작품이었던 〈빛의 전사 프리큐
어〉에 나오는 '묵하람(미스미 나기사)'은 라크로스부에서 활동
하며 뛰어난 운동신경을 십분 활용하여 주로 주먹 지르기와
발차기로 승부를 겁니다. 이에 반해 우등생 캐릭터에 가까운
'백시연(유키시로 호노카)'은 주짓수와 비슷한 관절기를 걸거
나 상대의 힘을 역이용해 메치는 액션을 보여줍니다.

　후속작들 또한 마찬가지입니다. 오히려 '시리즈가 진행
될수록 액션이 약해지고 있다'는 근거 없는 소문 덕에 좀 더
다양한 형태의 액션을 보여주려 노력하고 있지요. 게다가 격
투 신을 보여주는 데에 그치지 않고, 각각의 시리즈마다 '성
평등'이나 '다양성' 등 중요하게 내세울 메시지를 택하여 와시
오 프로듀서의 신념을 이어나가고 있습니다.

그러나 동시에 〈프리큐어〉 시리즈는 앞서 〈요술공주 샐리〉를 이야기할 때 지적했던 '시장 세분화'에도 매우 충실합니다. 토에이 주식회사의 중역이자 〈슈퍼전대〉 시리즈와 〈가면라이더仮面ライダー〉 시리즈의 프로듀서를 담당하고 있는 시라쿠라 신이치로(白倉伸一郎)는 일본 잡지 《FRaU》 2021년 8월호 인터뷰에서 이렇게 말했습니다.

방송 프로그램을 만든다는 건, 완구를 팔아서 머천다이징 수입을 제작비로 돌리는 것이 사업 전략이어서요. 완구 업계에서 상품을 남아용, 여아용으로 명확히 나눠놓고 있기에, 시청자 타깃을 좁히는 전략을 지금도 시행하고 있습니다.[51]

〈프리큐어〉 시리즈의 2021년작 〈트로피컬 루즈! 프리큐어トロピカル~ジュ!プリキュア〉를 한번 살펴볼까요? 제목에 이미 립스틱을 가리키는 단어 '루즈'가 포함되어 있습니다. 이에 걸맞게 모든 변신 아이템 또한 콤팩트·립스틱·향수·거울 등 화장품 형태를 띠고 있어, 주인공들은 색조 화장 과정을 거쳐야 프리큐어 전사로 변신할 수 있습니다. 물론 이전 시리즈도 별반 다를 것 없습니다. 주인공 프리큐어의 시그니처 색상은 대

부분 '핑크'였습니다. 이미 수많은 변신 아이템들이 화장품 형태로 만들어져왔고요. 와시오 프로듀서가 말했던 '날뛰고 싶은 여자아이'들은 결국 화장품을 모방한 크고 작은 장난감을 수없이 사들이고, "치크!" "립!" "아이!" 등 메이크업 과정을 일일히 언급해야만 정의를 위해 싸우는 전사가 될 수 있는 것입니다.

그 시절 우리의 단짝이었던 마법소녀들을 생각하며

유서 깊은 아동 콘텐츠 제작사인 토에이와 반다이는 자신들의 노하우를 활용해 이 시대 소녀들에게 무엇이 필요한지를 가장 빠르게 감지하고 상품화했습니다. 극도로 기계화되고 자본화된 이 판매 전략 덕분에 여자아이들은 TV 스크린에서 온몸을 사용해 격투하는 또래 소녀들을 볼 수 있었고요. 하지만 애니메이션이 아무리 좋은 메시지를 담고 있다 해도 결국 어린이들은 마트에서 구매한 장난감을 통해 '프리큐어'가 됩니다.

그래서인지 마법소녀 애니메이션을 보고 있노라면 자연스레 이런 의문이 남습니다. '아이들이 보고 있는 것이 고도로 발달한 완구 상품의 분홍빛 렌더링이라면, 애니메이션의 목적이 장난감에 대한 어린이의 소유욕을 부추기는 것이라

면, 과연 그것이 소녀 시청자들에게 유의미한 메시지를 줄 수 있을까?'

우리는 모두 한때 TV 속 마법소녀를 친구로 둔 적이 있습니다. 몇몇은 추억의 애니메이션 캐릭터로 남아 여전히 매대 위에 등장하기도 하지요. 장난감을 팔아야 한다는 이유로 우리와 함께 어른이 되지 못한 그 소녀들에 대해 다시 한 번 이야기해볼 때입니다.

모든 문학은
소녀로부터
시작되었다

짚으로 만든 침대, 집에서 직접 담근 딸기 주스, '진짜 속눈썹'이 달리고 모슬린 드레스를 입은 커다란 인형, 소금에 절인 라임, 레몬 젤리로 가득 찬 수영장 등…. 우리가 어릴 때 '낭만적'이라 여겼던 것들. 머릿속으로 상상만 하면서 단 한 번이라도 체험해보고 싶다고 바랐던 이것들은 소녀소설을 이야기할 때 빼놓을 수 없는 소품입니다.[*]

2020년대에 들어서면서 소녀소설이 다시 떠오르고 있습니다. 루이자 메이 올컷(Louisa May Alcott)이 1868년 발표한 소설 『작은 아씨들The little women』이 2019년 헐리우드에서 새롭게 영화화되면서 다시 주목받기 시작했지요. 당장 인터넷 서점에서 '작은 아씨들'을 검색해보면 2019년 후반에서 2020년 초반 사이에 수많은 판본이 출간된 것을 확인할 수 있습니다.

많은 아이가 세계명작전집을 통해 소녀소설을 처음 접합니다. 저 또한 그렇게 시작했고요. 그 뒤에는 일본에서 제작된 TV 애니메이션을 보면서 다시 한 번 빠져들게 되고, 더 나이가 든 후에는 자연스럽게 원전을 찾아 읽게 되지요. 이렇듯

---

[*]   순서대로 『알프스 소녀 하이디』『그린 게이블스의 앤』(또는 『빨간머리 앤』), 『세라 이야기』(또는 『소공녀A Little Princess』), 『작은 아씨들』『키다리 아저씨Daddy-Long-Legs』에 등장합니다.

여자아이들의 성장 과정에서 소녀소설은 꽤 큰 비중을 차지합니다. 나아가 과거에 소녀였던 이와 지금 소녀인 이를 이어주는 연결고리가 되기도 하고요.

그러나 사회에 나가 다양한 사람들과 이야기를 주고받던 중 충격적인 사실을 알게 되었습니다. 바로 많은 수의 남성 독자가 이 작품들을 접하지 않고 자란다는 것입니다. 줄거리는커녕 등장인물의 이름조차 모르는 이들이 태반이었습니다. 소녀들은 『작은 아씨들』의 네 자매 이름이 무엇인지, 『알프스 소녀 하이디Heidi』에서 하이디가 어떤 빵을 먹었는지, 『빨간머리 앤Anne of Green Gables』에서 앤의 가장 친한 친구가 누구였는지 아직까지도 줄줄 꿰고 있는데 말입니다.

상황이 이렇다 보니, 소녀소설은 '소녀들이 읽는 모든 소설'이 아닌 '소년들이 읽지 않는 소설'만을 지칭하는 것 같다는 생각이 들었습니다. 저를 포함한 많은 소녀가 앞서 언급된 작품들과 함께 『왕자와 거지The Prince and the Pauper』나 『허클베리 핀의 모험The Adventures of Huckleberry Finn』처럼 소년이 주인공인 소설도 읽으며 자랐기 때문입니다. 그렇다면 이 '소녀소설'이라는 '장르'의 정체는 대체 무엇일까요?

소녀소설이라는 프로파간다

표준국어대사전에 의하면 '소녀소설'이란 "작가가 소녀들이 읽기에 알맞게 쓰거나 소녀가 쓴 소설"을 가리킵니다. 하지만 영어권에는 '소년/소녀'라는 성별로 독자층을 구분하는 장르가 존재하지 않습니다. 우리에게 익숙한 '소녀소설' 혹은 '소녀문학'이라는 명칭은 사실 일본에서 먼저 시작된 것입니다.

19세기 중반, 일본에서는 메이지유신이 일어났습니다. 메이지유신은 중앙 집권 통일 국가를 이루고 서구의 문물을 적극적으로 받아들이는 근대화 개혁이었지요. 이 영향으로 그동안 교육에서 배제되었던 소녀들의 취학률이 1891년 32.2%에서 1904년 91.5%에 달할 정도로 폭발적으로 증가하였습니다. 이는 곧 글을 읽을 수 있는 소녀들이 늘어났음을 의미합니다. 당시 일본의 출판 시장은 이 기회를 놓치지 않았고, 이내 소녀들을 대상으로 하는 잡지와 책 들을 대량으로 발간하기 시작했습니다. 바로 이때 '소녀소설'이라는 카테고리가 출범하게 된 것입니다.[52]

당대 일본 소녀들에게 가장 인기 있었던 작품은 루이자 메이 올컷의 『작은 아씨들』이라고 합니다. 『그린 게이블스의 앤』은 『빨간머리 앤』이라는 이름으로 소개되었는데, 이 제목을 번역한 일본의 아동문학 번역가 무라오카 하나코(村岡花

子) 역시 1893년생으로 메이지유신의 영향을 직접적으로 받은 세대였습니다. 그리고 일본판『빨간머리 앤』을 알게 된 한국의 아동문학가이자 번역가인 신지식 선생님이 1962년 국내에 최초로『빨간머리 앤』을 들여오셨지요.[53]

예시로 든『빨간머리 앤』에서 볼 수 있는 것처럼 한국의 소녀문학은 일본으로부터 큰 영향을 받았습니다. 현재 '다시-읽기'되고 있는 소녀소설의 경우도 마찬가지로, 대부분 1975년 일본 후지 TV에서 제작된 '세계명작극장'의 이미지를 차용하고 있습니다. 즉 서양의 영어덜트 픽션이 일본의 입맛에 맞게 개량된 것을 한국이 그대로 받아들인 것입니다.

그렇지만 서양의 원전이 동아시아로 들어오는 과정에서 대대적인 편집이 이루어졌습니다. 작품 내에 자연스럽게 등장하는 후일담이나 정치적·종교적인 색채는 모두 소거되었고 소녀들이 쉽게 이입할 수 있을 거라 여겨지는 유년 시절 이야기만이 남았지요. 그렇기에『작은 아씨들』의 뒷이야기인『조의 아이들』이나『키다리 아저씨』의 속편인『키다리 아저씨 그후 이야기』는 물론,『빨간머리 앤』이 사실『그린 게이블스의 앤』이라는 이름의 장대한 시리즈물이었다는 기본적인 사실조차 오랫동안 잊혀 있었습니다.

그리고 이러한 '편집'의 칼날에 의해 소녀소설이라는 카테고리는 가부장적 사회를 위한 '프로파간다'로 재구성되었습니다. 이를 두고 김용언《미스테리아》편집장은 저서『문학소녀』에서 이렇게 표현했습니다.

> 다시 말해 여성들은 소녀 시절부터 '현모양처 양성'에 어울리는 지성미를 갖추기 위해 세계명작 독서를 권장받았고, 결코 동세대의 고민을 첨예하게 담는 문학이 아닌, 수십 년 동안 '고전'이나 '명작'으로 (남성 지식인에게) 감정받은 문학 목록을 요구받았다. 그들이 그 책을 열심히 읽고 감동을 받으면, '소녀 감성에서 벗어나지 못했다'거나 '너무나 감정에 쉽게 휩싸인다'는 조롱을 받았다. 그 책을 읽기를 거부하고 영화를 보러 가거나 연애에 몰두하면 방탕하고 무식한 '가짜' 취급을 받았다. 그들이 쓴 글 역시 '진짜' 창작으로 인정받지 못했다.[54]

소녀들에겐 '소녀소설'이라는 카테고리를 직접 구축해나갈 권리도, 주체적이거나 비판적인 감상을 가질 권리도 허용되지 않았습니다. 오히려 소녀들이 소녀소설의 내용에 감화되어 직접적인 감상을 표현하거나, 그것을 또 다른 창작혼으로 승화시키는 것은 '감상적이고 유치한 행위'로 치부되었습니다. 이를 단적으로 드러내주는 단어가 바로 '소녀감성'입니다. 이러한 이중 억압은 소녀들이 속한 사회는 물론이고 소녀 자신들마저 '소녀감성' 혹은 '소녀소설'이라는 카테고리 전체를 폄하하도록 이끌었습니다.

때문에 소년들의 이야기를 다룬 『15소년 표류기*Deux ans de vacances*』나 『톰 소여의 모험*The Adventures of Tom Sawyer*』 『올리버 트위스트*Oliver Twist*』는 진지한 메시지를 담고 있다고 여겨지며 남녀노소 모두의 필독서가 되었지만, '소녀감성'을 담고 있는 『비밀의 화원*The Secret Garden*』이나 『작은 아씨들』 등은 미숙한 여자아이들이나 읽는 소설처럼 취급받게 되었습니다. 소녀가 주인공이거나 여성 작가가 소녀들을 독자로 상정하고 쓴 작품들을 진지한 비평 및 분석 대상이 될 수 없는 텍스트로 간주한 것입니다.

소녀소설은 보편문학이다

그러나 '소녀'를 간과한 채 문학을 말하는 것이 가능하긴 할까요? 엔헤두안나(Enheduanna), 세이쇼나곤(清少納言), 무라사키시키부(紫式部). 순서대로 최초의 시인, 최초의 수필가, 최초의 소설가로 역사에 기록된 이름입니다. 모두 여성의 이름이지요. 이들의 글에 등장하는 인물들은 당대 기준으로 사회

활동을 활발히 하던 성인이었지만, 현대의 기준에서는 모두 십 대 후반에서 이십 대 초반의 소녀들이었습니다. 즉 문학은 소녀들과 함께 시작된 것입니다.

아시아의 여성들이 문학사에 주춧돌을 놓고 있을 동안, 유럽에선 레스보스섬의 사포(Σαπφώ)가 서정시를 발명하고 있었습니다. 이를 이어받은 유럽의 여성 작가들은 문학을 현재 우리가 아는 모습으로 다듬어놓았고요. 라 파예트 부인(Comtesse de La Fayette)은 근대소설의 효시 중 하나이자 불문학 최초의 역사소설, 그리고 프랑스 심리 소설의 원천으로 꼽히는 『클레브 공작부인La Princesse de Clèves』을 저술했으며, 마찬가지로 여성 작가인 조피 폰 라 로슈(Sophie von La Roche)와 제르멘 드 스탈(Madame de Staël) 모두 소녀 이야기를 씀으로써 각각 독일과 프랑스에서 낭만주의 문학의 신호탄을 쏘아 올렸습니다.

'장르'의 출발점에도 소녀가 있었습니다. 최초의 SF문학 또는 그 전조라 평가받는 마거릿 캐번디시(Margaret Cavendish)의 『불타는 세계The Blazing World』는 우연히 다른 차원의 이세계로 건너가 황후 자리에 오르는 젊은 여성 주인공의 모습을 그리고 있습니다. 클라라 리브(Clara Reeve)와 앤 래드클리프(Ann Radcliffe)는 호러 장르의 변곡점이 된 고딕문학을 개척했고요. 그리고 앤 래드클리프의 작품을 보고 자란 한 소녀는 후일 작가로 성장하여 현존하는 모든 로맨틱 코미디의 원형을 만듭니다. 바로 '캐릭터의 발명가' 제인 오스틴(Jane Austen)의 이야기입니다.

여성 작가만이 만들 수 있는 괴물

이처럼 문학이 있는 곳엔 늘 소녀들이 존재했습니다. 그러나 저 역시 소녀소설, 혹은 소녀문학을 굉장히 좁게 보던 시절이 있었습니다. 그런 제 편견을 깨부순 작품이 있었으니, 바로 『카르밀라Carmilla』와 『프랑켄슈타인Frankenstein』입니다.

　『카르밀라』는 제가 처음으로 '이건 소녀소설이다!'라고 생각하며 읽었던 작품입니다. 초등학교 저학년 시절, 학급문고에서 제목에 끌려 뽑아 들었던 『흡혈귀 카르밀라』는 강렬한 충격을 선사했습니다. 그때까지 제가 알고 있던 흡혈귀들은 모두 가녀린 여성의 목덜미만 노리는 남성의 모습이었습니다. 하지만 '카르밀라'는 달랐습니다. 귀족적인 분위기를 풍기는 소녀의 모습으로 자신과 비슷한 나이대인 '로라'에게 '우정'을 빙자하여 접근했습니다.

　"좌우간 우린 어렸을 때부터 운명적으로 친구가 될 수밖에 없었나 봐. 나는 너한테 이상하게 끌리는 느낌인데, 너도 그런지 모르겠어. 지금까지 내겐 친구가 한 명도 없었는데 지금 생긴 건 아닐까?"[55]

알고 보니 『카르밀라』는 최초로 레즈비언 흡혈귀를 다룬 작품이었습니다. 이런 면 때문에 당연히 『카르밀라』의 작가는 여성일 것이라 믿어 의심치 않았는데, 후일 저자가 남성인 것을 뒤늦게 알고 놀랐던 기억이 있습니다.

메리 셸리(Mary Wollstonecraft Shelley)의 『프랑켄슈타인』은 그런 의미에서 『카르밀라』의 대척점에 있는 작품입니다. 『프랑켄슈타인』은 괴물이 등장하는 아주 무시무시한 과학소설입니다. 아무도 이를 소녀소설이라고 생각지 않지요. 그러나 『프랑켄슈타인』은 '소녀소설'의 기준을 훌륭하게 충족하는 작품입니다. 메리 셸리는 이 작품을 18세에 처음 집필하기 시작하여 20세에 탈고하였으니 말입니다.

작품 내에서도 젊은 여성인 작가 본인이 투영된 듯한 인물을 발견할 수 있습니다. 바로 주인공 빅토르 프랑켄슈타인의 외사촌이자 약혼녀인 '엘리자베트 라벤차'입니다. 이 소녀에 대한 묘사를 보면, 메리 셸리가 혹시 자신의 이야기를 하고 있는 게 아닐까 하는 생각마저 듭니다. 가령 "반면 그녀들은 시인들의 신기루 같은 창조물을 좇느라 분주했다. (…) 그러나 그녀에게 세상은 텅 빈 여백이어서, 자기만의 상상력으로 그 여백을 채우고자 갈망했다."[56] 같은 표현들 말입니다.

특히 윌리엄을 살해했다는 누명을 쓰고 사형을 선고받은 '유스틴'과 엘리자베트 사이에서 오가는 대화 내용은 명백하게 소녀들 사이의 우정을 그리고 있습니다. 사형을 앞둔 유스틴은 엘리자베트에게 마지막 인사를 남깁니다. "안녕, 다정한 아씨, 사랑하는 엘리자베트, 내 사랑하는 유일한 친구."[57]

그 외에도 『프랑켄슈타인』에는 삶과 죽음, 과학과 자연에 대한 불안과 공포를 다룬 문장들이 수없이 등장합니다. 하지만 이상하게도, 여느 소녀소설에 쓰였다면 '값싼 니힐리즘(nihilism, 허무주의)'이나 '싸구려 소녀감성' 등의 표현으로 조롱받았을 이러한 문장들이 『프랑켄슈타인』 출간 당시에는 '인간 사회에 대한 날카로운 비판' '인간 내면에 대한 깊이 있는 탐구'라는 평을 들으며 칭송받았습니다. 메리 셸리가 이 작품을 익명으로 발표했기 때문이었습니다. 그러나 저자의 본명이 공개되자 비평가들은 하나같이 저자가 여성이라는 점을 지적하기 시작했습니다.

하지만 'SF소설의 고전' 『프랑켄슈타인』은 저자인 메리 셸리가 여성이었기 때문에 탄생할 수 있었습니다. 『프랑켄슈타인』에 관한 수많은 연구와 해설은 '삶과 죽음, 과학과 자연에 대한 불안과 공포'라는 이 작품의 핵심 토대가 메리 셸리의 출산과 유산 경험에서 유래했다고 이야기합니다. 그가 직접 경험한 공포, 즉 스스로의 신체에 대한 장악력을 잃고 종착역을 알 수 없는 미지의 기찻길에 몸이 의탁되었다는 공포, 그리고 그 과정에 생과 사가 밀접하게 연관되어 있다는 공포 말입니다.

수많은 문학 작품이 소녀에 의해, 소녀를 위해, 소녀를 주인공으로 하여 탄생했습니다. 그중 대다수는 소녀로서의 경험 없이는 결코 태어날 수 없는 글이었고요. 이렇듯 문학의 근간을 이루는 데 큰 영향을 끼친 소녀는 언제쯤 문단 내에서 그 중요성을 제대로 인정받게 될까요?

나다울 수
없는 세상에서
'어린이책'으로
살아남기

얼마 전 중고 서점 사이트를 뒤지다가 놀라운 책을 발견했습니다. 바로 90년대에 지경사에서 출간한 소녀문고 시리즈 중 『쌍둥이의 멋진 계획』과 『쌍둥이는 아무도 못말려』의 중고본이었습니다. 당시 삼천 원에 팔리던 책이 사오만 원에 올라와 있었지만, 저는 서둘러 그 두 책을 손에 넣었습니다. 얼른 구매하지 않으면 겨우 발견한 이 책들이 다른 사람 손에 넘어가 버릴지도 모르니까요.

그 시절 우리가 사랑했던 소녀소설 이야기

많은 마니아가 여전히 사랑하고 있는 지경사의 소녀문고 시리즈는 1980년대 중후반 '소녀명랑 시리즈'란 이름으로 출간되었습니다. 이후 1990년대 초에는 '소녀를 위한 명작 마니또 문고'로 새단장하여 나오기도 했습니다. 이 시리즈에는 우리가 흔히 알고 있는 고전 명작 『비밀의 화원』 『빨간머리 앤』 등을 비롯하여 『작은 아씨들』의 저자 루이자 메이 올컷의 『로즈의 계절 *Eight Cousins*』과 『로즈의 행복 *Rose in Bloom*』, 『키다리 아저씨』의 저자인 진 웹스터(Jean Webster)의 다른 작품 『말괄량이 패티 *When Patty Went to College*』(당시 제목은 『요지경 파티』) 등이 포함되어 있었습니다. 제가 힘들게 구한 프랜신 파스칼(Francine Pascal)의 '쌍둥이 시리즈'와 가장 잘 알려진 헌터 데이비스(Hunter Davies)의 '플롯시 시리즈', 에니드 블라이튼(Enid Blyton)의 '다렐르 시리즈'와 '말괄량이 쌍둥이 시리즈', 로이스 로리(Lois Lowry)의 '아나스타샤 시리즈(Anastasia's series)' 등도 이 시리즈의 대표작들이었고요.[*]

앞서 언급한 고전 명작들이야 지속적으로 재번역되어 새롭게 출간되고 있지만, 이 시리즈들은 1998년에 재출간된 뒤 영영 복간되지 않고 있습니다. 그래서 중고 서점 사이트는 물론이고 번개장터나 중고나라 같은 곳에서는 이 시리즈를 구하려는 사람들의 아우성이 가득합니다. 이렇게 많은 이가 그리워하고 있는데 왜 다시 출간되지 않는 걸까요? 지경사 관계자분께 직접 문의해본 결과, 당시 대부분의 작품이 정식으로 계약을 맺지 않은 채 출간되었다고 합니다. 법을 위반했다기보다는, 1980년대에 한국이 세계저작권협약(UCC)에 가입하지 않은 상태였기에 가능했던 일이라고 합니다. 하지만 1987년부터 1996년까지 UCC는 물론 제네바 음반협약과 베른 협약 등에 차례차례 가입하면서 이 같은 행위는 불법으로 규정되었습니다.[58]

그렇기에 재출간을 위해서는 새로이 출간 계약을 맺어

---

[*] 순서대로 원제는 'Sweet Valley Twins' 'Flossie Teacake Adventures' 'Malory Towers' 'St. Clare's series' 입니다.

야 합니다만, 금액이 부담스러운 경우도 있고 워낙 오래되어 원서를 출간한 출판사를 찾을 수 없는 경우도 있어 여러모로 힘든 상황이라고 합니다. 독자 정서도 해당 시리즈가 인기를 끌었던 1980~1990년대와는 많이 달라졌지요. 지금을 기준으로 하는 좋은 이야기가 많이 나오고 있기 때문에, 계약을 맺어 다시 출간한다고 해도 요즘 아이들에게 그때 그 이야기가 매력적으로 느껴질지 불분명하다고 합니다. 소녀문고 시리즈를 읽고 자란 이가 출판사에 입사하는 경우도 있고 옛 독자들이 그 도서들을 구매하고 싶다며 연락해 오는 일도 많다지만, 오래된 와인을 새 병에 담아 내놓을 수는 없는 노릇이지요.

세월의 파도와 시장의 부침에 표류하는 아동문학

아동 도서의 운명이 커다란 물결에 휩쓸려 표류하는 건 비단 한국에서만 일어나는 일은 아닙니다. 『피터 래빗 이야기』로 유명한 베아트릭스 포터(Beatrix Potter)와 『배고픈 애벌레』로 잘 알려진 에릭 칼(Eric Carle)의 출판물을 비롯하여 『패딩턴』『바다 탐험대 옥토넛』『가스파르와 리자』『꼬마 돼지 올리비아』『스노우 맨』『꼬마 생쥐 메이지』, 그리고 작가 애거서 크리스티(Agatha Christie)와 에니드 블라이튼의 IP(Intellectual

Property, 지적재산권)를 지니고 있던 영국의 코리온(Chorion)조차 서브프라임 모기지 사태로 시작된 재앙을 막지 못하고 2011년 파산했으니 말입니다.

이때까지 캐릭터 라이선싱의 주된 목표는 어린이책을 출판하는 것이었습니다. 앞서 언급된 브랜드들도 본디 아동 도서로 제작된 것들이었습니다. 그것도 누구나 한 번쯤 들어봤음직한 아주 유명한 책들이었지요. 그러나 2000년대에 이르러 영상 콘텐츠가 득세하였습니다. 시대적 기로에 놓여 있던 코리온은 서브프라임 모기지 사태의 여파를 견뎌낼 수 없었습니다. 단 한 차례의 커다란 경제적 위기로 코리온이 보유하고 있던 IP들은 모두 뿔뿔이 흩어지고 말았고, 그것들은 대부분 드림웍스나 소니의 실버게이트(Silvergate Media) 같은 거대 미디어 기업의 소유가 되었습니다.

이렇듯 어린이 문화의 근간인 아동문학은 외부의 압력에 취약합니다. 소녀소설도 예외는 아니었습니다. 국제 협약 가입은 논쟁의 여지 없이 당연한 일이었지만, 국내 소녀소설 시장은 그로 인해 크게 위축되었습니다. 지경사 소녀문고 시리즈는 1980년대에 출간된 이래 1998년에 딱 한 번 개정판이 나왔고, 그 뒤로는 더 이상 새 시리즈가 나오지 않았습니다. 그나마 1990년대 초에 이영 작가가 발표한 『열세 살은 사랑이 필요해요』『열세 살의 작은 악마』 등이 또래 여자아이들 사이에서 큰 인기를 끌었습니다만, 금세 사라지고 말았습니다.

　이렇게 발생한 공백은 2010년대까지 이어졌습니다. 지경사나 문공사에서 들여왔던 소녀소설들의 대부분이 미국이나 영국, 일본 소설들을 번역한 것들이었기 때문입니다. 2000년대 초 한언출판사에서 '말괄량이 쌍둥이 시리즈'로 잘 알려진 에니드 블라이튼의 '세인트 클레어 시리즈'를 복간했지만 판매 실적이 저조했던 탓에 지금은 절판되었습니다. 결국 소녀소설은 90년대에만 반짝하고 사라진 문화가 되어버렸지요.

청소년은 공감할 수 없는 청소년소설이라니

시대적 공백은 곧 문화적 단절을 불러일으켰습니다. 2000년대 국내 청소년소설은 우리가 그 당시 사랑했던 소녀소설과 많은 차이가 있었습니다. 그중에서도 가장 큰 문제는 성인인 저자와 청소년인 독자 사이의 간극이 상상 이상으로 크다는 것이었습니다.

　'말괄량이 쌍둥이 시리즈'나 '플롯시 시리즈' 등은 우리가 동경했던 미국이나 영국 등을 배경으로 삼고 있었지만, 머나면 동북아시아에 살고 있는 소녀도 공감할 수 있는 인물들을 통해 이야기를 이끌어나갔습니다. 갑자기 태어난 남동생 때문에 가출하고 싶어 하는 아나스타샤, 누구보다 친한 친구였던 쌍둥이 동생 제시카가 자신과 다른 길을 가려 하자 혼란스러워하는 엘리자베스, 불우한 가정환경 때문에 도벽을 얻게 된 캐서린의 사정을 이해하고 용서하는 오설리반 자매 등….

하지만 소녀들이 스스로 사 읽을 수 있었던 소녀소설 문화가 사라진 뒤, 1990년대 후반의 아동·청소년 문학은 독자는 청소년이지만 창작자는 성인이며 구매자는 부모인 데다가 추천자는 교사라는 아이러니한 모양새를 띠게 되었습니다. 오세란 아동문학평론가는 《창비어린이》 2013년 겨울호에 게재한 「청소년소설에서 반복되는 몇 가지 양상」이라는 글에서 당시 청소년소설들은 "새롭게 등장한 요즘 아이들의 모습이 신기하여 이를 뒤따라가고 있는 형국"이며, "작품 속 많은 아이가 상황에 의해 어른의 역할만 강요받는다"고 지적하였습니다.[59] 한미화 출판칼럼니스트의 말마따나 "때로 청소년소설은 이성 교제부터 집단 폭력 혹은 정체성 확립까지 그 시절 겪는 문제에 대해 어른이 생각하는 정답을 말하고 싶어"[60] 하는 경향까지 보였지요.

그렇게 2000년대의 청소년소설은 청소년을 서사의 중심

인물로 두고 있을 뿐 정작 실제 청소년은 공감할 수 없는 이야기가 되었습니다. 그 사이에 우리가 동경하면서도 마음속 깊이 공감할 수 있었던 소녀소설들은 먼지가 쌓여 요즘 아이들이 전혀 즐길 수 없는 과거의 이야기가 되어버렸고요.

문화적 경향으로 자리 잡은 소녀문학

2016년 발생한 강남역 살인 사건을 기점으로 한국 사회에는 여성주의의 물결이 일기 시작했습니다. 한국 아동·청소년 문학 또한 예외가 아니었습니다. 여성 서사로서의 청소년소설이 본격적으로 등장하기 시작한 것도 이때부터였습니다.

《창비어린이》2017년 여름호 '아동문학과 여성주의' 특집에서 김지은 아동문학평론가는 「발견되는 목소리와 가능성」이라는 글을 통해 2015년 출간된 『푸른 사자 와니니』를 "여성 주인공이 시작하고 여성 주인공이 끝내는 이야기"라 소개합니다.[61] 『푸른 사자 와니니』는 초원을 호령하는 마디바 할머니의 무리에서 쫓겨난 암사자 와니니가 소외받고 배제당한 사자들과 무리를 형성하여 마침내 검은 땅의 주인이 되는 이야기를 다루고 있습니다. 철저히 숫사자 위주로 전개되었던 디즈니 애니메이션 〈라이온 킹〉과는 큰 차이가 있지요. 실제로 사자들이 암사자 위주로 무리를 구성한다는 점을 생각해

보면, 〈라이온 킹〉이 얼마나 여성 배제적인 서사로 이루어져 있는지, 『푸른 사자 와니니』의 서사 구조가 얼마나 자연스러운지 알 수 있습니다.

그런가 하면 비룡소는 'No.1 마시멜로 픽션 공모전'을 만들어 '걸스 심사위원단' 제도를 선보였습니다. 101명의 초등학생과 중학생 들로 구성된 걸스 심사위원단은 심사평과 대토론회를 통해 직접 작품을 심사합니다. 독자와 저자의 간극을 줄이려는 이러한 노력 덕분인지, 본 문학상을 수상한 『미카엘라: 달빛 드레스 도난 사건』과 『카시오페아: 악몽을 쫓는 소녀』『환상 해결사』『미지의 파랑』 등은 10대 독자들에게 꾸준히 사랑받고 있습니다.

그 외에도 물리학자인 701호 할머니와 3년 전에 사고로 가족을 잃은 지수가 시공을 초월하여 우정을 쌓는 이야기를 다룬 『우주로 가는 계단』, 추리소설의 형식을 빌려 현실 속 교실의 모습을 서늘하게 고발하는 한편 서로 마음을 여는 것이 중요함을 말하는 『독고솜에게 반하면』, 사랑하는 모든 생물의 속말을 들을 수 있는 홍자 선생님이 목소리를 크게 내지 못하는 나영이의 말을 가만히 들어주는 이야기 『아름다운 것은 자꾸 생각나』 등. 2010년대를 거쳐 2020년대에 진입한 지금, 한국의 소녀소설은 나름의 방식을 통해 하나의 문화적 경향으로 착실히 성장해가고 있습니다.

아동문학이 자생할 수 있는 터전을 꿈꾸다

앞서 언급한 글에서 김지은 아동문학평론가는 "우리보다 어린 여성들의 삶은 앞으로 더 많은 연대의 가능성과 만나기를 희망하며 그 매개의 지점에 아동문학이 있기를 바란다"[62]는 말로 끝을 맺습니다. 이 소박한 소원은 천천히, 그러나 확실하게 이루어지고 있는 것처럼 보입니다.

　하지만 문화는 출판 업계의 노력만으로 유지할 수 있는 것이 아닙니다. 앞서 언급한 코리온의 사례처럼, IP를 보유하고 있던 기업이나 출판사가 파산하거나 시리즈가 절판되면 그 유산 또한 공중으로 사라져버리고 맙니다. 아동 도서가 사료로 아카이빙되거나 학술 기관의 지원금을 받아 연구되는 일은 드뭅니다. 그렇기에 그들의 문화는 눈 깜짝할 새에 단절돼버리곤 합니다. 앞서 말했듯 소수자의 문화인 만큼 아동문화는 그 무엇보다도 외부의 압력에 취약하기 때문입니다. 그렇기에 우리에겐 아동의 문화가 자생할 수 있는 토양과 제도적 울타리가 절실합니다.

　2020년 12월 31일, 나다움어린이책 교육문화사업이 종료된다는 소식이 급작스럽게 전해졌습니다. 나다움어린이책

교육문화사업은 '나다움'을 찾게 해주는 어린이책을 선정·발굴하고 만드는 프로젝트였습니다. 성인지감수성에 기초한 아동 도서를 큐레이션하는 비영리 민간단체 씽투창작소가 기획 및 진행을 담당하고 여성가족부와 롯데, 초록우산 어린이재단이 주최 및 주관한 최초의 교육문화사업이었지요. 이 프로젝트는 성인지감수성 어린이책을 선정하여 심포지엄을 개최하고, 선정 도서들을 학교에 비치했으며 서점, 도서관 등과 연계하여 적극적으로 홍보하는 등의 활동을 펼쳤습니다. 취지에 맞는 책을 출간하기 위해 공모전도 열었지요. 지금까지 어린이책에 대하여 이토록 큰 사업이 벌어진 적이 없었기에, 아동·청소년 문학을 사랑하는 이들은 물론 창작자와 출판편집자 등 업계 관련인들의 기대도 무척 컸습니다. 그런데 어처구니없는 '선정성 논란'을 겪은 뒤 본래 2021년 종료 예정이었던 계획과 달리 2020년에 조기 종료되고 맙니다.[63]

이에 따라 나다움어린이책 창작 공모 대상 역시 김다노 작가의 『비밀 소원』 한 권만 남긴 채 역사 속으로 사라지게 되었습니다. 『비밀 소원』은 이모와 할머니와 함께 살고 있는 미래, 미래의 '절친'이자 부모님이 막 별거를 시작한 이랑이, 연예인을 꿈꾸는 현욱이 셋의 이야기를 통해 미래 이모 말마따나 '꼭 남들과 같은 모습으로 살아야 행복한 건 아니다.'라는 메시지를 전하는 작품입니다.

아쉽게도 이렇게 좋은 작품의 뒤를 이을 제2회, 제3회 나다움어린이책 창작 공모 대상 수상작들은 나오지 못했습니다. 그러나 나다움어린이책 사업을 운영하며 힘을 모았던 씽투창작소와 선정 위원들은 이 사업의 중요성을 인지한 이들로부터 응원을 받아, 새로운 방식으로 나다움어린이책을 이어가기로 했습니다. 그리하여 당시 기준으로 선정하지 못했던 책들까지 포함하여 총 262권에 대한 이야기를 담아 2021년 9월 『오늘의 어린이책 1』을 출간했습니다. '2021년 1호를 시작으로 해마다 새로 출간되는 성평등 어린이·청소년책 목록을 업데이트하여 출간할 예정'이라고 하니 앞으로의 행보가 반갑게 느껴집니다.

소녀 영웅
뒤에 가려진
성차별의 그늘

『해리 포터Harry Potter』『헝거 게임The Hunger Games』『트와일라잇Twilight』. 지난 20년 동안 전 세계에서 가장 큰 인기를 얻은 이 세 편의 청소년 시리즈에는 모두 소녀 주역이 등장합니다. 『해리 포터』 시리즈에 주역으로 등장하는 '헤르미온느', 『헝거 게임』 시리즈와 『트와일라잇』 시리즈의 주인공인 '캣니스'와 '벨라'는 여느 소년 주인공들과 크게 다르지 않은 '소녀 주인공'들입니다. 그들은 이 작품들이 인기를 얻는 데 매우 큰 역할을 했죠.

이 세 소녀는 모두 여성 작가의 손에서 탄생했습니다. 2000년 이래, 수상 경력이 있는 청소년 도서 중 여성 작가의 책이 전체의 56%를 차지하고 있다는 사실로 미루어 보아, 이는 당연한 결과처럼 여겨지기도 합니다. 반면 남성 작가의 책은 46%로, 여성이 쓴 것보다 10% 적습니다.[*] 시장의 과반을 차지한 데다 가장 히트하기까지 했다니, 통계를 보면 청소년 문학에서만큼은 성차별이 완전히 타파된 것처럼 보입니다. 하지만 실상은 전혀 그렇지 않지요.[64]

---

[*] 중복되는 2%는 여성 작가와 남성 작가가 공저한 작품의 비중입니다.

남자 주인공이 더 편했어요

보통 '성차별의 종결'을 선언할 때 사용되는 통계는 쉽게 현실을 호도하곤 합니다. 어떤 수치는 보여주되 어떤 수치는 보여주지 않기 때문입니다. 가령 청소년문학 내 주인공의 49%가 남성이었고, 36%만이 여성이었다는 사실은 위와 같은 선전에 사용되지 않습니다.[65]

게다가 타깃 독자의 연령이 낮아지면 낮아질수록 여성 주인공의 수도 줄어듭니다. 12세에서 18세까지를 겨냥한 문학 작품 중 65%가 여성을 주인공으로 삼고 있지만, 9세에서 12세 사이를 겨냥한 작품에서는 36% 정도로 절반이나 줄어듭니다. 어린이문학에서의 수치는 더 절망적입니다. 1990년에서 2000년 사이에 출간된 6,000권가량의 아동 도서 중 57%가 남성 주인공을 내세운 작품이었고, 31%만이 여성을 주인공으로 삼고 있었습니다. 심지어 우화에서도 이러한 불균형은 계속됩니다. 주연을 맡은 동물 캐릭터가 남성인 경우는 23%였지만, 여성인 경우는 단 7.5%에 불과했습니다.[66]

여성 작가가 과반을 차지하고 있는 아동·청소년 텍스트들이 그만큼 적극적으로 여성 인물을 그리지는 않는다니, 의외의 결과처럼 느껴집니다. 어찌 된 일일까요? 영미권 3대 판타지 소설 중 하나인 『어스시Earthsea』 시리즈의 작가 어슐러

르 귄(Ursula Le Guin)의 인터뷰에서 그 이유를 찾아볼 수 있습니다.

작가 본인에 따르면, 그의 대표작인 『어스시』 시리즈에서 여성 인물들은 "주변부에 있거나 남성에게 의존적"이라고 합니다. 왜냐하면 그가 글을 쓰기 시작했던 때엔 판타지의 중심에 "남자들이 있었고" 따라서 "자신은 문화적으로 학습되기를, 여자 마법사에 대해 깊이 파헤치거나 여자 마법사를 생각해낼 수 없었다"는 것입니다.[67]

다시 말해 기존의 장르적 문법이 이미 남성 인물 위주로 돌아가고 있었기 때문에 이를 거슬러 발상하기가 힘들었을뿐더러, 혹여 여성 주인공을 내세우면 늘 쓰던 대로 편하게 글을 쓸 수도 없었고 인물을 가지고 마음대로 놀 수도 없었다는 것입니다. 여성 인물을 그리기 위해 고민하기 시작하면, 기존 판타지 문법에 따라 '자연스럽게' 고안해냈던 서사에도 원치 않던 제약이나 불편이 생겨났다는 것이지요. 또 다른 인터뷰에서 그는 더욱 분명하게 밝힙니다.

제 초기작들은 모두 남성 중심적인 경향이 있어요. '어스시 시리즈' 중 몇 권에는 여성이 전혀 존재하지 않거나, 오로지 주변적인 인물로만 등장합니다. 영웅 이야기가 돌아가는 방식이 그랬어요. 그건 남자에 관한 이야기였죠. 조 애나 러스와 같은 몇몇 페미니스트를 제외하면, SF문학도 1960년대까지 꽤나 남성 지배적이었습니다. 그 분야에서 글을 쓰던 여성들은 필명을 사용했고요. 저는 이런 사실에 개의치 않았어요. 그것은 저에게 관습이었고, 저는 그 안에서 행복하게 일했습니다.[68]

구조적 성차별이 증발한 판타지 세계

몇몇 작가들은 파격적인 탈출구를 찾았습니다. 과거의 여성 서사와 달리 일부 영어덜트 픽션에서 성차별은 더 이상 여성 주인공을 억압하는 방해물로서 등장하지 않습니다. 작가와 독자들 모두 성차별을 이미 지나간, 진부한 옛이야기 취급하며 그들의 세상에서 아예 소거해버리기로 한 것입니다. 주인공은 더 이상 성별의 영향을 받지 않습니다. 현실 속 성차별에 대해 이야기해야 한다는 거대한 제약으로부터 해방되자, 많은 소녀 주인공이 완벽한 영웅이나 다름없이 행동하기 시작했죠.

완벽한 영웅처럼 행동한다니 무슨 말일까요? 소녀 주인 공을 가장 전면적으로 내세우는 장르인 '위인전'을 떠올려봅시다. 위인전은 실존 인물을 바탕으로 한 이야기니까 조금 다르다고 생각할 수 있겠습니다만, 우리가 어릴 적 읽었던 위인전을 떠올려보면 그것이 소설의 형식과 크게 다르지 않음을 금방 깨달을 수 있을 겁니다.

가령 대표적인 여성 위인으로 꼽히는 잔 다르크와 나이팅게일, 마리 퀴리, 헬렌 켈러 등은 실제 모습과는 전혀 다르게 묘사됩니다. 그들이 이룬 업적이나 인간적인 면모보다는, '미담'이나 '선행' 등에 치중하여 그들의 일생을 서술합니다. 그들을 둘러싼 성차별적인 환경 또한 과소평가되어, 종래에는 마치 그들의 성공이 성차별 자체를 종결시킨 듯 묘사되기도 합니다.

일본의 문예평론가 사이토 미나코(齊藤 美奈子)는 저서 『요술봉과 분홍 제복紅一點論』에서 이러한 점을 신랄하게 비판한 바 있습니다. 왜냐하면 그러한 위인전은 대상 독자인 소녀들에게 '바람직한 인물상'을 주입하기 위한 도구로 작용하기 때문입니다. 위인전이 현대사회에 존재하는 '이상적인 여성상'과 '이야기 속 그럴듯한 여성상'에 실존 인물들의 삶을 욱여넣게 되었고, 이 과정에서 '무의식적인 소설화와 조작이 이뤄진다'고 그는 말하고 있습니다.[69]

눈떠보니 유성애 세계관에 갇힌 나

그런가 하면 영어덜트와 같은 뿌리를 둔 장르이자 요사이 큰 인기를 끌고 있는 현대 로맨스 판타지 소설은 또 다른 문제를 안고 있습니다. 일명 '로판'이라 불리는 이 장르는 작가가 대부분 여성이며, 여성 주인공을 내세우지요. 여성 주인공은 대부분 남성과 사랑에 빠집니다. '해피엔딩'에서는 언제나 여성 주인공과 남성 주인공이 이어지거나 결혼하며 끝을 맺지요.

'로맨스'가 아닌 정통 판타지를 지향하던 『해리 포터』 시리즈의 여성 주인공조차도 그렇습니다. 헤르미온느는 마법사 가정 출신이 아닌데도 불구하고 마법학교 호그와트 내에서 가장 우수한 성적을 뽐냅니다. 『해리 포터』 시리즈와 함께 자라온 저는 그런 헤르미온느에 저 자신을 투영하면서 동경했습니다. 적어도 제게는 해리가 아닌 헤르미온느가 영웅이었지요.

그만큼 인기 많은 캐릭터였지만, 정작 작품이 진행될수록 헤르미온느 이야기의 중심은 '해리랑 이어지느냐, 론과 이어지느냐'로 기울어졌습니다. 그도 그럴 것이, 시리즈 내내 헤르미온느는 론에게 로맨틱한 시선을 받는가 하면, 잘생긴 남교수 질데로이 록허트를 열렬하게 따르거나 빅터 크룸 같은 유명한 퀴디치 선수와 연애하기도 하고, 해리에게 의도적으로

153

접근한다는 오해를 사 비난을 받는 등 유성애적 구도에 끊임 없이 얽매입니다. 이런 모습을 보며 '헤르미온느의 이야기는 결국 결혼으로 마무리되겠구나.'라는 생각이 들어 입맛이 썼 지요.

더욱이 '로맨스'를 강조하는 로맨스 판타지 소설에서는 주인공이 여성일지라도, 로맨스라는 명목 아래 중심인물이 대부분 남성으로 꾸려집니다. 때문에 독자들은 여성 주인공 을 중심으로 뭉치기보단 메인 남성 캐릭터를 지지하는 팬덤 과 서브 남성 캐릭터를 지지하는 팬덤으로 분열됩니다. 앞서 언급했던 영어덜트 픽션에서도 이런 흐름을 쉽게 찾아볼 수 있습니다. 『트와일라잇 사가*Twilight Saga*』에서는 뱀파이어 에드 워드와의 커플링을 지지하는 팬덤과 늑대인간 제이콥과의 커 플링을 지지하는 팬덤끼리 격렬한 토론이 벌어졌던 적이 있 습니다. 『헝거 게임』 시리즈 역시 캣니스를 두고 피타 멜라크 와 게일 호손 사이에 삼각관계가 형성되어 캣니스가 둘 중 누 구를 선택할 것인지에 독자들의 관심이 쏠리기도 했지요. 언 뜻 보면 이는 여성 주인공에게 상대를 선택할 수 있는 권력을 준 것처럼 보이기도 합니다. 일부는 이를 두고 남성 주인공이 여러 여성 조연 캐릭터 중 한 명과 이어지는, 소위 '히로인'을 쟁취하는 구도를 미러링한 것이라 해석하기도 하지요.

그러나 성별 권력이 실재하는 현실 속에서 이러한 미러링은 동등하게 작동하지 않습니다. 이와 같은 구도는 결과적으로 소녀 독자들을 '팀 에드워드'나 '팀 제이콥' 중 한쪽에 속하도록 만듭니다. 소년이 주인공인 작품을 볼 때와 마찬가지로 또다시 남성 캐릭터를 지지하고 편들게 하는 것이지요. 이때 소녀 주인공을 응원하는 '팀 벨라'는 와해되고 맙니다. 어차피 벨라는 에드워드를 선택하든 제이콥을 선택하든 잘못된 선택을 했다는 이유로 한쪽 독자들의 비난을 받게 될 운명이니까요.

모르는 게 약이라는 달콤한 유혹 아래

아이러니하게도 현실에 존재하는 억압과 제약을 모른 척할수록 오히려 성차별적인 소비 방식은 확대되어왔습니다. 그렇기에 성차별을 이미 지난 세상에 모두 해결된 문제로 보는 시각은 크나큰 위험을 안고 있습니다. 이러한 시각은 오늘날 '계몽된 성차별주의'와 '포스트페미니즘'이라는 상반된 이름으로 불리며, 교묘하고 교활하게 "페미니즘은 '완결된 행동'이고, 이제 더 나아진 세상을 행복하게 받아들이기만 하면 된다"고 소녀들에게 암시하고 있습니다.[70]

성차별의 존재를 무시해버리고 싶다는 유혹은 참 달콤

합니다. 그도 그럴 것이 성차별에 대해 이야기하는 행위는 늘 위험을 담보하기 때문입니다. 그래서 작가들은 머리를 싸매고 공부하기도 하지요. 그렇다면 어떻게 해야 이런 유혹으로부터 벗어날 수 있을까요? 어슐러 르 귄은 여러 인터뷰를 통해, 자신이 페미니스트 정체성을 찾게 된 과정에 대해 이렇게 말했습니다.

제가 글을 쓰기 시작했을 때 여자가 하기에 가장 쉬운 일은 일종의 '명예 남성'이 되는 것, 남성 작가인 척하는 것, 남자를 이야기의 중심에 두는 것이었습니다. (…) 페미니스트들 덕분에 마침내 깨닫게 되었을 때, 저는 침착하게 앉아서 "나도 여성이 아닌가? 그런데 왜 남성으로서 글을 쓰고 있지?"라고 제대로 말해야 했습니다.[71]

작가로서 저는 마치 남자인 척 생각하는 여성처럼 행동해 왔습니다. (…) 저는 소설 쓰기에 대한 저의 모든 접근 방식을 재고해야 했지요. (…) 성(gender)적인 측면에서 특권과 권력과 지배력에 대해 생각하는 것은 중요한 일이었습니다. SF나 판타지가 그간 해오지는 않았지만요.[72]

1977년에 『왜가리의 눈』을 쓰던 중, 저는 주인공이 중반부에 이르기 전에 스스로를 파괴하기를 고집하는 것을 발견했습니다. 저는 "이봐, 넌 그럴 수 없어. 너는 '영웅'이잖아. 내 책이 어디로 간 거지?"라고 말했죠. 글쓰기를 그만뒀어요. 그 책에는 여성 인물이 들어 있었지만, 저는 여성에 대해 어떻게 써야 할지 몰랐습니다. 잠시 갈팡질팡하던 저는 페미니스트 이론에서 몇 가지 지침을 찾았습니다. 페미니스트 문학 비평이 제가 읽고 실제로 즐길 수 있는 것이라는 사실을 깨달았을 때 저는 신이 났어요. (…) 그들은 제가 더 이상 '명예 남성'처럼 글을 쓸 필요가 없고, 여성으로서 글을 쓸 수 있으며, 그렇게 하면서 해방감을 느낄 수 있다는 사실을 가르쳐주었습니다.[73]

저는 여성을 이야기의 중심에 두면 몇몇 독자들을 잃을 것이라는 사실을 알았습니다. 날카롭고 끔찍한 페미니스트라는 비난을 받으리라는 것도 알고 있었죠. 하지만 그만한 가치가 있었습니다. 왜냐하면 '명예 남성'을 가장하지 않거나, 세상이 남성을 중심으로 돌아간다고 생각하지 않음으로써 비로소 저 자신을 스스로의 중심에 둘 수 있었기 때문입니다. 그래서 저는 이 사실이 글쓰기에 좋은 힘이 되었

다고 생각합니다.[74]

  남성 주인공이나 다름없는 여성 주인공의 존재는 물론 언제나 유의미합니다. 그렇지만 이러한 인물들이 갖고 있는 위험성 또한 경계해야 합니다. 이 여성 인물들이 지닌 초현실성이 현실에 존재하는 성차별의 가림막으로 작용하기 때문이지요. 무수한 여성 영웅이 실존해왔음에도 성차별은 여전히 사라지지 않은 채 우리 곁에 있다는 사실을, 결코 잊어선 안 됩니다.

내 맘에
아이돌빠순이
팬픽홈마케이팝
꾹 삼킨 채

2018년 가을 무렵, 10대 후반부터 50대까지 다양한 연령층의 여성이 자리한 북콘서트에 참가한 적이 있습니다. 같은 작가의 같은 책을 중심으로 모인 여성이라는 것 외에는 전혀 공통점이 없어 처음에는 서로 어색했지만, 이윽고 이야기꽃이 활짝 피었습니다.

대화의 중심에는 '아이돌'이 있었습니다. 놀랍게도 저를 제외하고 그 자리에 모여 있던 모든 이들이 당시 엄청난 인기를 끌었던 Mnet의 서바이벌 오디션 프로그램 〈프로듀스 101 시즌 2〉에서 탄생한 그룹 워너원의 팬이었던 것입니다. 10대와 20대, 30대는 물론이고 40대와 50대 여성들 역시 활발하게 그들을 '덕질'하고 있었지요. 심지어 몇 분은 북콘서트에 오기 전에 지하철에 걸려 있는 몇몇 멤버의 생일 광고판을 '성지순례'하고 왔다고 하셨습니다.

1980년대 이후 소녀문화의 가장 큰 축을 이뤄온 동시에 21세기에 들어서도 그 명맥이 끊어지지 않고 오히려 더 확장되고 있는 콘텐츠. 바로 '아이돌'입니다. 접점이 하나도 없을 것 같은, 한때 소녀였던 이들과 지금 소녀인 이들이 동등한 눈높이에서 열렬하게 대화를 나누고 정보를 주고받을 수 있는 콘텐츠는 이제 얼마 남지 않았습니다.

아이돌과 소녀팬, 경멸로 시작된 역사

'아이돌'이라는 개념은 언제 생겼을까요? 누군가는 프랭크 시나트라(Frank Sinatra)가 10대 여학생들에게 큰 인기를 끌었던 1940년대라고 이야기하고, 어떤 이들은 데이비드 보위(David Bowie)나 믹 재거(Mick Jagger) 등의 록스타들이 본격적으로 팬덤을 형성하기 시작했던 1970년대에 시작되었다고 이야기합니다. 심지어 SM 기획(현 SM 엔터테인먼트)이 1세대 K-POP 아이돌 H.O.T.를 데뷔시킨 1990년대 중후반부터라고 하는 이들도 있습니다. 나름의 이유들이 있기 때문에 딱 잘라 '이 시기다'라고 단정 짓기는 힘듭니다.

아이돌 문화 속 '소녀팬'을 이르는 유명한 영어 단어가 있습니다. 바로 1970년대에 등장한 '그루피(Groupie)'입니다. 그룹(group)에서 파생된 이 단어는 백스테이지에서 스타를 기다렸다가 대기실에 가서 뒤풀이는 물론이고 하룻밤을 함께하기도 하는 여성 팬을 격하하여 일컫는 말이었습니다. 1970년대에 등장하여 1980년대 히피·펑크 문화의 중심에 있던 그루피들은 록음악이 서서히 저물면서 함께 사라지는 것처럼 보였습니다.

2020년대에 이르러, 그루피는 주로 남성 소비자가 많은 분야에 있는 소수의 여성 소비자를 가리키는 말로 쓰입니다.

'여자들은 ○○의 철학을 잘 알지도 못하면서 그저 얼굴이 반반하단 이유로 ××를 좋아한다'는 멸시를 담아서 말입니다. 한국에도 이와 비슷한 의미로 자리 잡은 '빠순이'라는 단어가 있습니다. 여성 팬이 남성 아이돌을 지칭할 때 흔히 쓰는 '오빠'라는 호칭과 여성을 가리킬 때 사용되는 접미사 '~순이'를 합쳐서 만든 이 단어 역시 역사가 꽤 오래되었지요.

그리고 '빠순이'에 대한 경멸은 이들을 끌고 다니는 연예인 등의 실력에 대한 폄하로 연결되었습니다. "쟤는 실력도 없는데 적당히 얼굴이 반반해서 팬이 많다"는 식으로 평가 절하하는 것이죠. 때문에 '빠순이'라는 멸칭으로 대표되는 소녀팬들은 대중문화의 진정한 향유자가 아니며, 대중을 대표할 수도 없는 것처럼 여겨졌습니다. 그들의 안목과 평가는 무가치하고 편파적인 것으로 치부되었고요. 1990년대 중후반 1세대 K-POP 아이돌인 H.O.T.와 젝스키스가 인기를 끌면서 시작된 이러한 양상은 꽤 최근까지도 이어져 내려오고 있습니다.

H.O.T. 두 컵에 동방신기 세 스푼, 빅뱅 한 꼬집

그러나 팬 문화를 구성한 소녀들은 혐오와 조롱에도 굴하지 않고 자신들만의 세계를 꾸준히 만들어나갔습니다. 한국 사회의 가부장적인 분위기에서 자유로울 수 없었던 소녀들은 팬 문화 속에서 비로소 주체가 될 수 있었습니다. 그것도 "아이돌이라는 '재료'를 각자의 수많은 욕망에 따라 요리해서 자기 것으로 만들어내"면서요.[75] 대표적인 결과물이 아이돌 그룹 멤버를 중심으로 새로운 서사를 만들어내는 2차 창작물 '팬픽(Fan Fiction, 팬 픽션)'입니다.

팬픽이라는 단어는 1966년부터 미국에서 방영되고 있는 유명 SF 드라마 〈스타 트렉*Star Trek*〉에서 유래했습니다. 최초의 팬 픽션은 〈스타 트렉〉 주인공을 대상으로 한 것이었지요. 국내에서는 90년대에 H.O.T. 팬픽 「새디」와 「협객기」가 큰 인기를 얻어 인물들의 이름을 바꾸어 정식 출간되기도 했습니다. 전자와 후자 사이에 차이가 있다면, 전자는 창작물 속 가상의 인물을 대상으로 삼았고 후자는 실존 인물을 대상으로 삼았다는 것입니다.

어떻게 전자와 후자가 같은 카테고리로 묶일 수 있는 걸까요? 이는 엔터테인먼트 업계가 아이돌을 환상 속 인물, 즉 '가상의 존재처럼 보이게끔' 포지셔닝하고 있기 때문입니다. 팬픽 속에서 아이돌은 현실의 아이돌과 무관하게 움직입니다. 마치 해당 아이돌의 스킨과 캐릭터성을 뒤집어쓴 연극배우처럼 작동하지요.

문화평론가 문강형준은 「우상의 황혼: 한국 사회에서 아이돌은 어떻게 소비되는가」에서 "아이돌 그룹과 10대 청소년이 놓인 현실을 비교할 때, 아이돌 그룹이 하는 일은 없는 것을 있다고 하는 것"이라고 설명합니다. 이 말처럼 아이돌은 10대 청소년에게 그들이 누리고 싶지만 누릴 수 없는 청춘의 이미지를 구현합니다. 청소년들의 눈에 비친 아이돌은 '발랄하고, 경쾌하고, 항상 웃으며, 성공을 위해 노력하고, 긍정적이며, 꿈을 갖고 있"습니다.[76]

억압적인 학교생활에서 자유롭고 유명 셀럽들과 친분이 있으며 전 세계 팬들의 동경을 한몸에 받고 비싼 명품도 아무렇지 않게 걸치고 다닙니다. 최근 들어서는 '세계관'까지 부각되면서 판타지를 기반으로 한 가상 세계에서 영웅으로 눈부시게 활약하는 모습을 보여주고 있지요. 10대 청소년이라면 누구나 갖고 있는 특별한 존재가 되고 싶다는 환상, 그 환상을 직접 구현하는 존재가 바로 아이돌인 것입니다.

이는 한국 사회에 깊게 뿌리내린 "고등학교에서 열심히 공부하고 선생님 말씀 잘 들으면 좋은 대학에 가고 성공한 직장에 취직할 수 있다"는 인식과도 깊게 맞닿아 있습니다. 아이돌들이 '열심히 노력하면 반드시 보상받는다'는 감동적인 자기 서사 형식을 내면화하고 있기 때문입니다. 그렇기에 소녀들은 자신이 되고자 하는 '롤모델'인 동시에 무망한 일상을

탈피하는 '탈출구'로서 아이돌을 소비하게 됩니다.[77]

그리고 이러한 소녀팬들은 팬클럽, 인터넷 커뮤니티, 2차 창작자(소위 말하는 '네임드'나 '홈마')를 중심으로 한데 모여 거대한 문화 집단을 형성했습니다. 소녀들이 이렇게 어느 한 가지를 주제로 자유롭게 의견을 개진할 수 있는 문화 공동체에 속하게 될 기회는 흔치 않습니다. 그렇기에 '팬'이라는 문화적 정체성에서 비롯되는 동질감과 소속감은 소녀들의 또래 문화에 큰 영향력으로 작용하게 되었습니다.

험난한 '돌판'에서 '여돌여덕'으로 살아남기

사실 저는 걸그룹을 좋아하는 소녀였습니다. 그랬기에 팬 커뮤니티 속에서도 겉돌았지요. 사람들은 대부분 걸그룹을 좋아하는 소녀를 이해하지 못합니다. 어떤 이들에게 있어 아이돌은 자연스러운 성애화의 대상이었지만, 저는 걸그룹을 좋아한다고 밝힐 때마다 "너 레즈비언이야?" 같은 호모포빅한 질문을 받아야만 했습니다.

게다가 보이그룹을 좋아하는 소녀들이 걸그룹을 향해 행하는 여성혐오에도 시달려야 했습니다. 그들이 걸그룹을 싫어하는 이유는 다양했는데, 보통 연애 스캔들이 큰 비중을 차지했습니다. 초등학교 시절, 선배 언니들이 교실에 찾아온 적이 있습니다. 그들은 근처에 있던 저를 불러 "혹시 너네 반에 베이비복스 사진 갖고 있는 애 있어?"라고 물었습니다. 저는 아무 생각 없이 평소 베이비복스를 좋아하던 친구를 불렀습니다. 친구는 한참 동안 그들과 대화를 나누더니, 얼굴이 흙빛이 된 채로 돌아와 제게 말했습니다. "야, 너 미쳤어?"

당시 연예계에는 H.O.T. 멤버와 베이비복스 멤버의 열애설이 돌고 있었습니다. 그 언니들은 베이비복스 멤버에게 H.O.T. 멤버와 사귀지 말라는 협박 편지를 보내려고 했던 것입니다. 뉴스에 심심찮게 나오던 눈 파진 사진과 면도칼, 뭐 그런 것들을요. 그런데 돈 주고 사기엔 아까우니까 만만한 후배, 그것도 베이비복스를 좋아하는 팬에게 사진을 갈취하려 했던 것이고요. 다행히 제 친구는 사진이 없다고 거짓말해서 위기를 벗어났습니다. 이런 식으로 여자 아이돌을 좋아하는 소녀들은 그 존재를 부정당해왔을 뿐 아니라, 때로는 적극적으로 자신의 존재를 숨겨야 했습니다.

어느덧 시간이 흘러 2020년대에 들어섰습니다. 이제 여성 아이돌을 좋아하는 여성 팬들은 페미니즘을 접하면서 자신들의 문화적 정체성과 소속 집단에 대해 고민하기 시작했습니다. 2019년 출간된 소설 『라스트 러브』는 '제로캐럿'이라는 걸그룹의 이야기와 여성으로 추정되는 팬픽 작가 '파인캐

럿'이 쓴 팬픽이 엮여 있는 형태의, 조금은 독특한 작품입니다. '여돌여덕'을 다룬 대표적인 소설이라고도 할 수 있겠는데요. 이 소설을 쓴 조우리 작가는 페미니스트 저널《일다》와의 인터뷰에서 복잡한 심경을 토로했습니다.

출간 이후 여러 인터뷰에서 밝혔듯이 나는 '여돌여덕'이다. 여성 아이돌 걸그룹 S.E.S.의 팬이고, f(x)의 팬이다. 또한 K-POP의 모든 여성 아이돌들을 좋아하고 응원한다. 그들의 매력에 감탄하고 그들이 보여주는 콘텐츠를 즐길 수 있음에 감사한다. 하지만 그런 한편으로 토크쇼에 출연한 여성 게스트에게 '애교'를 강요하는 남성 사회자의 모습을, 아동복에 가까운 짧은 원피스를 입고 춤을 추는 여성 출연자를 아래에서 위로 올려 찍는 카메라 앵글을, 미성년자 여성에게 개인기로 '섹시댄스'를 보여달라는 요구를 아무런 문제의식 없이 반복하는 엔터테인먼트 산업의 쇼 비즈니스에 내가 일조를 하고 있다는 죄의식을 떨치기 어렵다.[78]

솔직히 K-POP 우리가 키웠다

K-POP 산업이 성장하면서 아이돌은 소녀문화 안에 완전히 자리를 잡은 것처럼 보입니다. 끊임없이 목표를 향해 달릴 것

을 요구받는 한국의 소녀들은 일찍이 자신의 꿈을 이룬(것처럼 보이는) 아이돌을 동경했고, 현실과 동떨어져 환상 속 존재처럼 비치는 그들의 모습을 보면서 잠시나마 일상을 잊었습니다. 동시에 자신들의 문화를 폄훼하는 사회에 맞서 금전적 소비나 다양한 창작 행위 등을 통해 스스로의 존재를 증명하기 위해 노력했고요.

그러나 아이돌이 소녀문화 안에 자리 잡은 것, 과연 그뿐일까요? 저는 소녀문화가 세계적인 문화로 자리 잡은 것이라고 감히 말하고 싶습니다. K-POP 팬 문화는 서브컬처가 비교적 단기간 내에 세력 확장을 거듭하여 주류 문화로 자리매김한 흔치 않은 예입니다. 새로운 세기에 이르러서는 BTS를 비롯한 다양한 아이돌들이 세계적인 히트를 기록했고, 내부적 교화와 외부에 대한 포용을 반복하며 '다양성'을 논할 수 있는 문화적 장으로 발전하기까지 했지요. 그리고 그 중심엔 늘 소녀팬들이 있었습니다. 이 전 세계적인 현상에서 소녀들의 업적을 축소하는 것은 너무도 부당한 일로 느껴집니다.

앞으로도 K-POP은 다양한 방식으로 발전해나갈 것입니다. 그러나 이미 세계적인 스타가 된 여러 아이돌 그룹의 선두에는 항상 이들을 응원하며 이끌어주었던 수많은 소녀가 있었다는 사실이 꼭 K-POP과 함께 기억되었으면 좋겠습니다.

고백합니다,
여성 아이돌을
볼 때마다
죄스러운 이유를

어려서부터 몸이 약했던 저는 튼튼하고 활력 넘치는 미디어 속 여성들을 동경했습니다. 그 대상은 주로 운동선수들이었지요. 일본 유학 중이던 어느 날, 우연히 마주한 TV 화면 속에서 저는 한 아이돌 멤버를 보았습니다. 발군의 운동신경을 뽐내던 그 아이돌은 누구보다도 튼튼하고 활력 넘쳐 보였어요. 저는 그 모습에 반하여, 처음으로 누군가의 팬이 되었습니다. 일본에서는 아이돌과 팬의 거리가 한국보다 가까웠기에 곧 어렵지 않게 팬사인회 등에 참석할 수 있었습니다.

당시 일본의 젊은 여성들 사이에선 한류(韓流)가 무척 인기였습니다. 덕분에 그 아이돌은 제 존재를 몹시 기쁘게 받아들여주었죠. 그리고 만나는 횟수가 잦아질수록 다음과 같은 질문이 이어졌습니다. "한국의 어느 브랜드에서 옷을 사세요?" "주로 어떤 화장품을 쓰세요?" "한국 여성들은 어쩜 그리 다들 날씬하지요?"

어느 날 그 멤버는 말했습니다. 자기도 다이어트에 성공해서 저처럼 마르고 싶다고요. 그 말을 들은 후 저는 더 이상 그 아이돌을 찾아갈 수 없었습니다. 제가 좋아했던 아이돌은 저와 키가 같았고, 프로필상 몸무게는 40킬로그램 후반이었습니다. 그리고 당시 제 체중은 40킬로그램이 채 되지 않았습니다.

Born skinny, b**** 암만 살쪄도 난 마름

여성 아이돌들이 활동을 앞두고 극단적으로 체중을 감량한다는 것은 이미 널리 알려진 사실입니다. '마른 몸'이 여성 아이돌이 되기 위한 필수 조건이라는 사실을 모르는 이는 없습니다.

연예기획사에서는 적극적으로 아동 청소년 연습생들의 식이를 제한합니다. 목표는 오로지 체중을 줄이는 것. 지금은 해체한 걸그룹 '여자친구'의 멤버 은하와 엄지는 1년 동안 쌀밥 먹는 것을 금지당했습니다. '트와이스'의 모모는 일주일 내로 7킬로그램을 빼지 않으면 무대에 올리지 않겠다는 말을 듣고 물조차 마시지 않으며 체중을 감량했다고 합니다. 지금은 가수 생활을 그만둔 메이다니는 중학교 3학년 때 소속사로부터 몸무게를 38킬로그램까지 줄일 것을 강요받은 적 있다고 밝히기도 했습니다.[79]

이들의 이야기가 그저 예외적인 케이스일까요? 더 나아가봅시다. '오마이걸'의 멤버였던 진이는 거식증으로 인해 저체온증과 생리 불순, 부종, 저혈압에 시달리다 결국 2017년에 그룹을 탈퇴하고 연예계에서 은퇴했습니다. '레이디스 코드'의 소정 역시 2013년 TV 예능 프로그램 〈화신: 마음을 지배하는 자〉에서 38킬로그램까지 체중을 감량했다가 거식증에

171

생리 불순까지 겪었다고 고백한 적이 있지요. '달샤벳' 멤버 출신 세리는 자신의 유튜브 채널에서 체중 감량을 위해 약까지 먹었으며, 그 때문에 가만히 있어도 식은땀이 나는 등의 증상을 겪었다고 말했습니다. '카라'의 한승연 또한 아이돌로 활동하던 시절 하루 종일 손가락 반 마디만 한 초콜릿바 하나로 버티고 일주일 동안 라이스페이퍼 10장 정도의 탄수화물만 섭취했는데, 그럼에도 불구하고 보는 사람들은 다 예쁘다고 말해서 '이게 맞는 건가' 생각했다고 합니다.[80]

비단 한국에서만 벌어지는 일은 아닙니다. 2000년대 초중반 최전성기를 구가했던 일본의 걸그룹 '모닝구 무스메(モーニング娘。)'의 전 멤버 오가타 하루나(尾形春水)는 자신의 유튜브 채널에서 활동 시절 35킬로그램이었다는 사실을 공개했습니다. '말라야 귀엽다' '말라야 팬이 더 모인다' '말라야 뮤비에 나온다'는 생각에 사로잡히면서 매 끼니마다 종이컵 한 컵 분량을 넘지 않게 먹는 등 극단적으로 식이를 조절하게 되었다고 합니다. 그로 인해 갑자기 앞이 보이지 않거나 1년간 생리가 멈추고 이후 25킬로그램이 찌는 등의 엄청난 부작용을 겪었다고 합니다.

그들은 왜 이렇게까지 하게 되었을까요? 2016년 KBS2에서 방영되었던 〈본분 금메달〉은 몰래 체중계를 숨겨두고 여성 아이돌들의 실제 몸무게를 측정한 뒤 프로필상 몸무게와 비교하는 만행을 저질렀습니다. 연예인들이 자신의 '본분'을 얼마나 지키는지 살펴본다는 명목으로 오로지 여성 아이돌 만을 섭외하여 이런 일을 감행했지요. 이 파일럿 방송은 많은 항의를 받으며 폐지되었지만, 그 뒤 〈진짜 사나이〉나 〈주간 아이돌〉 같은 다른 방송 프로그램에서도 집요하게 여성 아이돌의 몸무게만을 측정하고 공개하였습니다. 그러고 나면 어김없이 그에 관한 기사들이 쏟아졌고요.

이런 '체중 논쟁'에 있어, 대중의 반응 또한 미디어와 크게 다르진 않습니다. K-POP 걸그룹 최초로 밀리언셀러를 달성하고 역대 걸그룹 초동 및 총판 1위라는 폭발적인 호응을 기록한 '블랙핑크'의 첫 번째 앨범 《THE ALBUM》에는 다음과 같은 가사를 지닌 수록곡이 있습니다.

"Born skinny, bitch 암만 살쪄도 난 마름"
- BLACKPINK, 〈Pretty Savage〉

그래서 더더욱 이 현상은 아이러니하게 느껴집니다. 소녀 팬들은 좋아하는 아이돌의 건강을 걱정하며 체중 감량을 만류합니다. 그러나 동시에 그들은 아이돌이 살찐 모습을 보이면 팬석을 이탈하고, '다이어트'에 성공한 모습을 보이면 되돌아와 SNS 등지에서 그 비법을 공유합니다. 살쪘다는 악플에 하루 종일 탄산수 두 병으로 버티며 극한의 체중 감량을 감행했다는 '구구단'의 미나는 브이앱에서 당시의 고통을 토로했습니다. 그러자 어떤 팬이 "그래도 마른 게 좋은 거 같다"고 말했지요. 미나는 더 이상 참지 못하고 "그럼 넌 마른 채로 살아요."라고 응수했습니다. '러블리즈'의 멤버 류수정은 리얼리티 프로그램 〈아이돌 드라마 공작단〉의 티저 인터뷰 영상에서 "팬들은 '잘 먹어야지 예쁘지' '건강이 중요해' 이렇게 말하지만 (…) 살 좀 찌면 욕하는 분들도 많이 계시고"라고 언급하기도 했습니다.

　미디어가 '마른 몸'을 아이돌, 그중에서도 여성 아이돌의 '본분'으로 만들며 장작을 놓는다면 몇몇 팬들은 '개말라'를 연호하며 마른 몸을 공개적으로 선망함으로써 그 위에 기름을 붓습니다. 그로 인해 많은 여성, 특히 십 대 여성 청소년들은 '나비약'으로 대표되는 향정신성 식욕억제제를 오남용하기도 합니다. 2021년 10월 23일자 〈그것이 알고 싶다〉 1281회 방송분에서는 '나비약과 뼈말라족'이라는 제목으로 이에 대한 이야기를 다루었습니다. 방송에 따르면 나비약은 기본적으로 마약인 필로폰과 비슷한 성분을 갖고 있는데, 오랜 기간 복용하면 환각과 환청, 우울 등의 끔찍한 부작용에 시달리게 된다고 합니다. 왜 이런 약을 먹게 되었는지 묻자 15세~17세 남짓 되는 소녀들은 이렇게 대답합니다.

"그냥 아이돌들만 봐도 일단 기본적으로 엄청 말랐잖아요. 누구 여자 아이돌이 원래는 좀 통통했는데 몇 킬로그램 빼고 레전드를 찍었다. 아니면 진짜 마른 연예인 누구누구 '직캠' 그런 걸 주로 보니까. 아, 저렇게 말랐으니까 저렇게 예쁘구나. 저렇게 빛나는구나."

"미디어에서는 마른 몸들이 나오니까."

이들은 심지어 "우울해져도 식욕이 없어지는 게 더 좋은 것 같다." "부작용 좀 오면 어떠냐, 살만 빠지면 된다."라고 말하기도 합니다. 나아가 '프로아나(Proana)'*라는 단어를 만들어 자신들의 섭식장애를 옹호하고 지향하는 모습까지 보입니다.

대체 왜 이런 일이 일어나는 걸까요? 결론부터 말하자면, '소녀 표상(representation)'을 만들어가는 주체가 소녀 자

---

* 　찬성을 의미하는 접두어 'Pro-'와 거식증을 뜻하는 'Anorexia'를 합친 말입니다.

신이 아니기 때문입니다.

혹독한 트레이닝의 끝엔 '인간 구찌' '인간 샤넬'이

2020년 넷플릭스에서 제작하고 공개한 다큐멘터리 〈블랙핑크: 세상을 밝혀라〉에는 '신기록 제조기'라 불리는 블랙핑크의 멤버들이 연습생 시절을 회고하는 장면이 등장합니다. 그들의 말에 따르면, 15일간은 하루 14시간 동안 트레이닝을 받았으며 매달 평가가 반복되었다고 합니다. 이를 바탕으로 매겨진 점수는 모두에게 공개되었고, 기준에 미달하는 멤버들은 소속사를 나가야 했다고요. 이처럼 K-POP 아이돌 연습생 트레이닝은 고되고 혹독하기로 유명합니다.

멤버들은 그 시절을 회고하며 이야기합니다. 매달 친한 친구가 짐을 싸서 나가는 모습을 보았고, 하지 말아야 하는 것들도 많았으며 뭘 하든 잘못했다는 말만 들었다고요. 면전에서 이 일을 할 능력이 못 된다는 말을 들었음에도 정신을 추슬러야 했으며, 가혹했고 그다지 즐겁지 않았다고요. 어린 소녀들이 모여서 어디로 가는지도 모른 채 그저 하루하루를 보내기만 하는 것 같았다고 말입니다.

흥미롭게도 이러한 스타 발굴 시스템은 1950~1960년대 헐리우드에서 시작되어 1990년대에 한국에 도입되었습니다. 영화 제작사들이 재능이 보이는 신인 배우를 발굴하여 미리 독점 계약을 맺던 방식에 한국의 기업적 관리 및 투자 구조와 일본식 문화 산업 구조가 섞여들면서 오늘날의 K-POP 아이돌 트레이닝 시스템이 완성된 것이지요. 그리고 이를 통해 오늘날 K-POP의 극적인 성장이 이루어졌습니다. 아이돌 그룹이 '음악 매니지먼트 기업에 의해 상업적으로 설계되고 제조된 가수와 밴드'가 되면서 한국의 음악 산업이 크게 변화한 것입니다.[81]

　　한국 아이돌은 이제 전문 연예기획사에 의해 획일적인 방식으로 계발되고 관리됩니다. 공식적으로 데뷔하기 전까지 수년 동안 연습생들은 춤, 노래, 무대 매너, 연기는 물론 외국어에 이르기까지 각종 종목을 훈련하는 힘든 준비 과정을 거칩니다. 당연히 여기에는 앞서 언급했던 체중 감량 또한 포함되어 있습니다. 이렇게 전략적·체계적으로 선별·계발·전시되는 과정을 통해 아이돌 그룹의 소녀들은 인간이 아니라 하나의 문화 콘텐츠로 탈바꿈됩니다. 다시 말해 일종의 '문화 상품'이 되어 경제적인 가치를 창출해내게 되는 것이지요. 표현이 조금 거칠긴 해도 많은 아이돌이 '인간 구찌'나 '인간 샤넬' 등 명품 브랜드 그 자체로 소비된다는 것을 생각해보면 아주 틀린 말은 아닐 겁니다.

그리고 아이돌 산업은 자신이 기획한 여성 아이돌들에게 '진정한 소녀 정체성을 대표할 문화 아이콘'의 지위를 줍니다. 이 자리에서 그들은 한국 문화의 영향력 아래에 있는 모든 소녀의 미디어 '표상'이 됩니다.

'국민 여동생'의 삶에서 틀린 그림 찾기

그렇다면 여성 아이돌들이 수행하게 되는 이 '소녀 표상'의 정체는 과연 무엇일까요? 그 정체를 밝혀줄 두 '국민 여동생'의 사례가 여기 있습니다.

카고 아이(加護亜依)는 일본 아이돌 그룹 '모닝구 무스메'의 4기 멤버로 데뷔했습니다. 특유의 귀여움과 발랄함으로 대중의 사랑을 한몸에 받았지요. 당시 12살에 불과하던 그를, 언론은 '슈퍼 중학생'이라 불렀습니다. 혹자는 "살쪘을 때도 사랑받는 전무후무한 아이돌"이라고 말하기까지 했습니다. 그리고 데뷔 후 20년이 지난 지금, 카고 아이는 그때와는 전혀 다른 삶을 살고 있습니다.

카고 아이가 18살이 되던 해, 가십지《프라이데이_{フライデ}ー》는 사진 한 장을 공개합니다. 열도를 뒤흔든 이 사진은 미성년자인 데다가 '어린 소녀' 이미지로 인기를 얻은 카고 아이가 패밀리 레스토랑에서 담배를 피우는 모습을 담고 있었습니다. 이 사건으로 카고 아이는 근신 처분을 받았고, 그가 속해 있던 유닛 'W(ダブルユー―)' 역시 잠정 해체라는 결말을 맞았습니다. 이후 카고 아이가 한 남성과 여행을 다녀오면서 흡연하는 모습이 한 번 더 포착되었고, 결국 그는 소속사로부터 계약 해지 통보를 받게 되었습니다.

　　그 후 카고 아이는 두 아이의 엄마로 조용히 살아갑니다. 그러나 2020년 1월, 돌연 삼류 가십지에서 낸 '여성 아이돌 출신 연예인의 마약 스캔들'의 주인공이 아니냐는 의혹을 받게 됩니다. 흡연과 연애, 성적인 관계 암시 등 대중이 여성 아이돌에게 금지하는 것을 모두 저지른 카고 아이를 작금의 대중이 어떤 시선으로 바라보고 있는지 적나라하게 드러내준 사건이었습니다. '국민 여동생'이라는 높은 위상 바로 뒤엔 '품을 수 없는 존재' '트러블 메이커'라는 낭떠러지가 있었던 것입니다. 후일 카고 아이는 SNS를 통해 소문의 주인공은 자신이 아니라는 입장을 확실히 밝혔고, 문제의 그 기사 또한 후속 보도 없이 흐지부지되었습니다.

　　바다 건너 미국에도 그런 존재가 있습니다. 바로 팝스타 브리트니 스피어스(Britney Spears)입니다. 1999년《Baby One More Time》으로 데뷔한 그는 사랑스럽고 순진한 소녀 이미지와 속옷 차림의 섹시한 여성 이미지를 동시에 소화하며 대중으로부터 큰 사랑을 받았습니다. 당시 언론은 그런 그의 모습을 두고 '모순덩어리'라거나 '역설적'이라며 비판하기도 했습니다. 그러나 이것은 브리트니 스피어스의 전 스타일리스트이자 전《틴 피플Teen People》패션 디렉터였던 헤일리 힐(hayley hil)이 〈프레이밍 브리트니Framing Britney Spears〉에서 말했듯이 '여성의 역할은 무엇인가에 대한 비유'이기도 했지요.

2006년부터 미국 사회는 브리트니를 점차 기이한 방식으로 소비하기 시작했습니다. 그의 일거수일투족이 매일 가십지에 실렸고, 그가 가는 곳마다 엄청난 수의 파파라치가 따라붙었습니다. 브리트니의 파파라치 사진이 장당 백만 달러에 팔리기까지 했습니다. 지나치게 많은 이들이 예쁘고 재능 있고 유명한 소녀의 고통을 이용해 큰돈을 벌고 있었던 것입니다.

2008년 초까지 브리트니는 가십지와 TV쇼의 주된 농담거리가 되었습니다. 브리트니의 삶을 재조명하는 다큐멘터리 영화 〈프레이밍 브리트니〉의 소개글처럼, '그의 성공은 미국을 뒤흔든 현상이었고 그의 몰락은 잔인한 국민 스포츠'였던 셈이지요. 이후 브리트니는 재기에 성공했으나 13년 동안 재산 관리 및 신체 후견인이었던 아버지 제이미 스피어스(Jamie Spears)에게 모든 것을 통제받아야 했습니다. 브리트니는 힘겨운 투쟁 끝에 결국 2021년 11월에 이르러서야 비로소 자신의 삶을 온전히 되찾을 수 있었습니다.

이러한 이야기들은 '소녀 아이돌'의 삶이 본질적으로 크게 다르지 않다는 것을 보여줍니다. 그가 활동하는 곳이 어디든 간에 말이지요. 미국의 팝스타 브리트니 스피어스와 일본의 아이돌 카고 아이가 그랬던 것처럼, 아이돌로서 존재하고자 하는 소녀에게 삶이 두 겹으로 나뉘는 것은 불가피한 일이 되어버렸습니다.

예를 들어보자면 이렇습니다. 어떤 아이돌 멤버는 성년이 되어도 연애나 흡연과는 거리가 멀어야 하는 존재지만, 어떤 아이돌 멤버는 미성년자 시절부터 이미 '섹시 아이콘'이었습니다. 방송에서는 누구보다도 먹음직스럽게 먹는 모습을 보여줘야 하지만 보이지 않는 곳에선 아이돌이 되기 위해, '마르기 위해' 식사를 멈춥니다. 그들이 상품으로서 만족시켜야 하는 시장은 성숙한 10대와 미숙한 20대에게 관심을 보이고, '여성 아이돌은 말라야 한다'는 공공연한 사실을 평소엔 짐짓 모르는 척하다가 누군가 거식증으로 쓰러지거나 그에 관한 고통을 고백할 때에야 새삼스럽게 놀라며 분노를 표하는 이중적인 곳이기 때문입니다.

덫을 팝니다, 아이돌 음반이랑 1+1!

그래서 소녀 아이돌이 만들어낸 소녀 표상은 늘 모순적이고 불분명하며, 이율배반적입니다. 문제는 앞서 말했듯, 이렇게 만들어진 소녀 표상이 사회에서 요구하는 소녀의 '표준'이자 '가장 올바르고 이상적인 상징'이 되고 만다는 것입니다.

소녀 아이돌이 표상의 위치에 오른 것은 아이돌 문화를 비판할 줄 모르는 몰지각한 소녀팬들 때문일까요? 아뇨, 그렇지 않습니다. 소녀 소비자들이 점하는 '미디어 권력'은 그다지 강력하지 않습니다. 그렇기에 소녀들은 다른 이들이 만들어낸 소녀문화와 타협하고 그 속에서 자신의 위치를 찾아 소비를 지속합니다. 이렇게라도 해야 일말의 제한적인 주체성이라도 얻어낼 수 있기 때문입니다. 심지어 소녀들은 자기가 속한 집단의 정체성을 대변해야 할 때조차도 이와 같은 과정을 거쳐 '긍정적인 면'을 '착즙'해야 하는 처지에 놓여 있습니다.

여성 아이돌은 현대사회를 살아가는 소녀들에게 주어지는 거의 유일무이한 우상적 소녀 표상입니다. 그들은 소녀들이 자신의 문화적, 소녀적 정체성을 그와 동일시할 수 있게끔 대놓고 '제공'됩니다. 물론 여성 아이돌들의 파생 상품, 노래나 콘셉트 등은 이따금 긍정적인 메시지를 전달하기도 합니다. 이를테면 "Girls can do anything!" 같은 것 말입니다. 그러나 그 긍정적인 메시지와 위와 같은 역설이 함께 패키지로 묶여서 판매되면, 소비자는 긍정적인 메시지에 더불어 '마름'이나 '어림' 같은 아름다움에 대한 프로파간다까지 자연스레 수용하게 됩니다. 매대에서 일부만 선택하여 구매할 기회 같은 건 애초부터 주어지지 않았습니다. 그래서 여성 아이돌은 너무도 쉽게 여성들, 특히 소녀들에게 동경의 대상이 되고 팬들은 이 문화가 서로에게 '긍정적인 영향'을 미친다고 주장하게 됩니다.

결국 여성 아이돌의 소녀 표상은 소녀문화를 통치하고 소녀들 위에 문화적으로 군림하는 미디어 권력으로 작용합니다. 그들은 서로가 서로를 본받도록, 그리고 표상을 몸소 실천하고 체화하도록 자극하고 유도합니다. 그래서 체중 감량을 만류하면서도 부추기는 모순적인 행동을 하게 되는 것이지요. 그렇다면 이렇게 살갗을 깊숙이 파고들어온 덫에서 벗어나기 위해서 우리는, 그리고 또 소녀들은 과연 어떠한 전략을 취할 수 있을까요?

걸그룹 'f(x)'의 멤버인 엠버는 2017년 10월 17일 자신의 유튜브에 '내 가슴 어디 갔지?(WHERE IS MY CHEST?)'라는 영상을 올렸습니다. "세상에, 엠버야! 네 가슴 어디 있니?"라는 악플에서 시작된 이 영상은 "남자애가 어떻게 걸그룹에 들어갔지?"나 "가슴이 왜 이렇게 납작해?" "문신한 여자는 피해라." 등의 코멘트에 유머러스하게 답하는 엠버의 모습을 담고 있습니다. 소녀 표상을 기반으로 한 악성 코멘트들에 자신만의 방식으로 유쾌하게 대응한 것입니다.

800만 조회수를 기록한 이 영상에서 우리는 희망을 찾아볼 수 있을지도 모릅니다. 이미 소녀들은 자신의 표상을 직접 만들어가기 위해 노력하고 있기 때문입니다.

소녀,
피그말리온의
조각상이 아니라
사람입니다!

2000년대 후반에서 2010년대 중반, '만나러 갈 수 있는 아이돌'이라는 콘셉트로 극장 공연과 악수회 등을 통해 거대한 팬덤을 확보한 AKB48은 일본에서 '국민 아이돌'이라는 타이틀을 거머쥐고 있었습니다. 일본 레코드 대상 수상과 홍백가합전 11회 연속 출장은 물론 발매하는 음반마다 밀리언셀러를 기록하더니, 2015년에는 마침내 남성 아이돌 그룹 SMAP이 갖고 있던 역대 아이돌 최다 음반 판매 기록을 경신하기까지 했지요.

그래서일까요, AKB48은 2010년부터 등장한 '프리티(プリティー)' 시리즈나 '아이엠스타!' 시리즈 같은 여러 아동 대상 아이돌 콘텐츠의 원형이 되었습니다. 대표적으로 아케이드 게임과 트레이딩 카드, 애니메이션이 조화를 이룬 미디어 믹스 '아이엠스타!' 시리즈는 현실의 AKB48과 별반 다르지 않을 정도로 높은 사실성을 보여주었지요.

그런데 놀랍게도 AKB48 그룹의 주된 팬덤은 중장년층 남성, 소위 말해 '아저씨'들로 이루어져 있습니다. 막강하고 어마어마했던 AKB48의 대중적 인기는 연약하며 통제 가능한 여성상에 바탕을 두고 있었고요. AKB48과 같은 일본 걸그룹의 충실한 복제품인 '아이엠스타!' 시리즈는 저연령대 여자아이들을 소비 타깃으로 두고 있었음에도 불구하고 이런 이미지를 그대로 차용했습니다. 예를 들어 아케이드 게임 화면 속에서 게이머, 즉 어린 소녀의 시점을 대변하는 카메라는 현실의 무대와 마찬가지로 업스커팅(upskirting) 연출을 펼칩니다. 아동을 타깃으로 하여 아동의 시점을 구현한 콘텐츠임에도 불구하고 짧은 치마를 아래에서 위로 올려다보게 된다는 것입니다. 아직 10대에 들어서지도 않은 여자아이들이 중장년층 남성의 시선으로 게임을 플레이하게 된다니. 이게 대체 무슨 상황인지 이해가 되시나요?

少女, 어린 여자아이와 작은 여성 그 사이

아이돌 문화가 주류 문화로 자리 잡으면서, 요즘 아이들은 초등학교에 입학하기 전부터 자연스럽게 K-POP을 접합니다. 그들을 따라 노래 부르고 춤을 추며, 패션을 흉내 내기도 하지요. 걸그룹 멤버들의 데뷔 연령이 점차 어려지고 있으니, 어린 나이에서부터 아이돌을 꿈꾸는 소녀들이 늘어나는 것도 당연한 일처럼 여겨집니다. 그러나 이토록 어린 소녀들이 대변하고 있는 '소녀'는, '아이엠스타!' 속 소녀들과 마찬가지로 있는 그대로의 자기 자신을 가리키지 않습니다.

아이돌이 탄생하기 훨씬 이전부터 소녀관은 남아 중심의 통념적인 아동관과는 다소 맥락을 달리해왔습니다. 이는 소녀가 세 가지 다른 형태의 한자로 쓰일 수 있다는 점에서도 가시적으로 드러납니다. 19세기 후반부터 1920년대 말까지, 일본에서는 '소녀'를 가리키는 한자에 감수성과 순수성을 강조한 '오토메(乙女)'를 사용했습니다. 1930년대에는 '처녀'를 가리키는 '쇼조(処女)'라는 한자를 사용했고, 1940년대에 이르러서야 현재까지도 쓰이고 있는 한자어 '소녀(少女)'로 자리 잡게 되었습니다. 한마디로 '소녀'라는 단어에는 '여자 어린이'라는 중립적인 의미 이전에, 감수성·순수성·순결성·처녀성·취약성에 대한 암시가 함께 깃들어 있는 셈입니다.[82]

초기 아이돌 문화를 만들어나갔던 이들은, 걸그룹의 이미지를 구축하는 과정에서 이 관습적이고도 전형적인 소녀상을 대표 이미지로 채택했습니다. 노래의 주제, 의상, 안무 같은 코드들마저 멤버들의 실제 나이와 깊게 연관되어 있었습니다. 때문에 그들의 물리적인 나이가 소녀기를 벗어나는 순간 걸그룹은 본연의 이미지를 잃고 사실상 해체되거나, 소녀 이미지를 탈피하기 위해 무리하게 선정적인 콘셉트를 내세우다 실패해버리곤 했습니다.

삼촌팬의 문화적 퇴행

2007년 SM엔터테인먼트가 '소녀시대'를 데뷔시켰을 때 많은 이들이 걱정하던 지점이 바로 이것이었습니다. 데뷔 초에는 멤버들이 어렸던 탓에 그룹 이름처럼 '소녀다움'을 전면에 내세울 수 있었습니다. 그러나 얼마 지나지 않아 멤버 전원이 성인이 되면서, 그들은 더 이상 화면 너머에서 '나이 어린 소녀'로 기능할 수 없을 것처럼 보였습니다.

그래요 난 널 사랑해 언제나 믿어
꿈도 열정도 다 주고 싶어
난 그대 소원을 이뤄주고 싶은 행운의 여신
-소녀시대, 〈소원을 말해봐〉

My boy Bring the boys out
Girls' generation make you feel the heat
전 세계가 너를 주목해
Bring the boys out
위풍도 당당하지 뼛속부터 넌 원래 멋졌어
-소녀시대, 〈The Boys〉

하지만 소녀시대는 이 위기를 극복해냈습니다. SM 엔터테인먼트가 눈치 빠르게 잡아낸 소비 타깃은 30~40대 남성들이었습니다. 한국을 포함한 거의 모든 사회와 문화권의 남자들이 가지고 있는 '늠름한 기사(Knight in Shining Armor)' 판타지를 만족시켜주면서 그들의 지갑을 열었지요. 서양 문화권에서 통용되는 늠름한 기사의 이미지는 '믿음직한 오빠', 나아가 '삼촌'으로 대체되었습니다. SM엔터테인먼트는 이 '오빠'와 '삼촌'들이 여전히 소녀시대를 '소녀'로 볼 수 있도록 '순수함'을 전면에 내세우는 한편, "꿈도 열정도 다 주고 싶"을 정도로 "넌 원래 멋졌"다고 치켜세우면서 그들의 욕망을 충실히 자극하고 만족시키려 했습니다. 그렇기에 2010년 2월 발표한 〈소원을 말해봐〉를 시작으로 〈Oh!〉 〈The Boys〉 〈Mr. Mr〉 〈I Got a Boy〉에 이르기까지 소녀시대의 대표 타이틀곡은 전부 남성을 독려하는 내용의 가사를 담고 있습니다.

　게다가 2008년에는 '삼촌팬'과 이들의 존재 가치를 과대평가하는 흐름마저 등장합니다. 사회학자 김성윤은 2011년 「'삼촌팬'의 탄생: 30대 남성 팬덤의 불/가능성에 관하여」에서 "소녀들에게 호응하는 삼촌팬이 없었다면 지금 같은 시장 상황은 전혀 불가능했을 것"이라고 말하며, 이성애적 관계보다는 '가족적' 관계를 창출해내는 '삼촌'이란 호칭을 통해 가장 안전한 방식으로 팬과 아이돌 관계를 맺는다고 이야기합니다. 때문에 '삼촌팬'이라 지칭되는 30~40대 남성들은 탈권

위적인 남성성에 자신을 동일시하며 사회 지향적 의식으로 무장했다고까지 표현하지요.[83]

　김성윤은 해당 텍스트에서 삼촌팬이 문화적 퇴행을 일으키지 않았다고 말하지만, 정작 여성 아이돌을 육성하는 많은 연예기획사는 문화적 퇴행을 정확하게 캐치해냈습니다. 아이유의 〈좋은 날〉에 나오는 "나는요 오빠가 좋은걸 어떡해"에 열광했던 삼촌팬들을 위해 만들어진 곡 〈삼촌〉에서 이러한 면이 뚜렷이 드러납니다.

　개구쟁이 같은 얼굴 무릎 나온 추리닝
　언제 철이 들까 하면서도 지금이 좋아
　철부지 삼촌이 귀여운 삼촌이 (우)
　삼촌 짱!
　ㅡ아이유, 〈삼촌〉

불가능을 목표로 하는 존재

문제는 독립적이고 주체적인 여성이나 지적인 여성, 육체적이고 강한 여성은 이러한 판타지에 어울리지 않는다는 점입니다. 소비 계층인 남성에게 있어 자신의 판타지를 충족해줄 대상은 순수하고 연약하며 의존적이지만 동시에 '성적인' 존재

191

양식을 지녀야만 합니다. 얼핏 듣기에도 실현 불가능해 보이는 이러한 요구를 여성 아이돌들은 묵묵히, 어떻게든 수행합니다. 그리고 이를 거스르는 일은 결코 용납되지 않습니다.

2013년 9월, MBC 예능 버라이어티 프로그램 〈라디오스타〉에 출연했던 걸그룹 카라의 멤버 강지영은 애교를 보여달라는 진행자들의 과도한 요구에 당황하며 거부 의사를 밝히다 결국 눈물을 보였습니다. 다음 날, 온갖 매체는 그의 이런 행동을 '논란거리'로 삼았습니다. 당시 네티즌들은 "이런 프로그램인 줄 모르고 나왔냐?" "애교 보여주기 싫다고 울 거면 왜 출연했냐?"라는 식의 반응을 보였고요. 이후 방송 스탭과 멤버 들의 사과로 사태는 일단락되는 것처럼 보였지만, 이후 〈라디오스타〉는 '강지영 헌정 애교 작렬 코너'를 만드는 등 꽤 오랫동안 그를 조롱의 대상으로 삼았습니다. 강지영을 울게 만들었던 장본인인 김구라 역시 잊을 만하면 "애교를 못할 바에야 우는 게 나아! 강지영이 방송을 알잖아!" 등의 말을 던졌습니다.

그런가 하면 2010년 싱글 《Change》를 발표하면서 솔로로 데뷔한 현아는 만 17세의 나이에 청소년 관람 불가 판정을 받은 뮤직비디오의 주인공이 되어야 했습니다. 뮤비 속에서 현아는 짧은 바지를 입은 채, 혹은 물에 젖은 채 골반을 튕기며 강조하는 춤을 춥니다. 이러한 선정성 때문에 시청자연령은 제한되었지만 정작 수행자에게는 연령 제한이 적용되지 않았던 것이지요. 그랬기에 본인이 출연한 뮤직비디오를 볼 수 없는 아이러니한 상황이 연출되었습니다. 이후에도 현아는 '패왕색'이라는 별명을 그대로 유지한 채 소녀기를 마감합니다. 이를 문제적으로 여긴 사람은 극히 드물었습니다. 왜냐하면 현아는 소녀이기 전에 '패왕색을 지닌 여성 아이돌'이었고, 나이를 불문하고 성적인 역할을 수행해야 했으니까요.

이처럼 걸그룹은 어른이 되어서도 유아동의 표상을 흉내 내야 하지만 동시에 아동기에 이미 '섹시 콘셉트'를 소화하는 존재입니다. 여성학자 정희진이 『페미니즘의 도전』에서 지적한 것처럼 사회가 여성에게 '달성 불가능한 이중적인 메시지'를 던지는 것이지요. 2000년대 초중반에 유행했던 '베이글'이란 단어의 뜻을 다시금 떠올려봅시다. "베이비 페이스지만 몸매는 글래머러스하다." 우리 시대의 여성상은 이토록 절충적이면서도 모순되게 빚어졌습니다. 그리고 이러한 모순 속에서 여성은 평범한 인간이 아닌, '불가능을 목표로 하는 존재'로 거듭납니다.

수동적 피해자인가, 능동적 행위자인가

슬프게도 '불가능한 존재'의 대표 주자나 다름없는 여성 아이돌은 우리 시대의 여성상을 반영하거나 구성하는 데에 핵심적인 역할을 하고 있습니다.

걸그룹 멤버들이 전신을 화장하고 미니스커트를 입은 채로 유혹적인 퍼포먼스를 펼치면, 소녀들은 그대로 모방합니다. 심지어는 이를 체계적으로 가르친 뒤 영상을 찍어 올리는 키즈 댄스학원 유튜브 채널까지 있습니다. 영상 속 아이들은 앳된 얼굴에 메이크업을 하고 매혹적인 표정을 짓습니다. 그리고 크롭탑과 핫팬츠 차림으로 골반을 강조하는 춤을 추지요.

유명한 키즈 유튜버들의 영상도 크게 다르지 않습니다. 이제 막 중학교에 입학하는 어떤 유튜버는 입학 선물로 모 드럭스토어의 상품권을 받았다고 자랑하며 원하는 화장품을 양껏 바구니에 담습니다. 초등학교 6학년이라고 자신을 소개하는 한 키즈 유튜버 또한 자신의 화장대를 공개하면서 애용하는 기초 화장품은 물론 틴트 등 색조 화장품들을 보여줍니다. 몸무게를 공개하면서, 살이 너무 쪄서 다이어트를 시작한다는 내용의 영상을 찍기도 했고요. 물론 해당 키즈 유튜버의 몸무게는 평균 체중에 훨씬 미달하는 수준이었습니다.

이를 비판적인 시각으로 바라보는 이들은 어린이들이 미디어에 의해 선동되고 타락했다고 이야기합니다. 소녀들이 카메라 앞에서 아무리 당당한 포즈를 취한다 해도, 그것은 미디어에 의해 조작되고 이미지화된 결과일 뿐이라는 겁니다. 자기 자신을 대상화해야만 대중의 이목과 미디어 권력을 쥘 수 있다고 그들이 이미 학습했기 때문에 말입니다.

한편 다른 쪽에선 소녀들이 현대 문화와 뉴미디어에 자율적으로 빠르게 반응하는 것일 뿐, 섹슈얼리티를 모방하는 것이 반드시 성적인 학습을 의미하는 것만은 아니라고 주장합니다. 어린이를 현대 문화의 수동적 피해자로 보는 시각과 능동적 행위자로 보는 시각이 공존하고 있는 셈입니다.

이때 역설적인 현상이 나타납니다. 아이들의 편에 서서 그들의 이익을 보호하는 활동가들은 아이들이 무력하고 의존적이라고 가정하는 듯합니다. 한편 이들로부터 '아이들을 조종하고 착취한다'고 비판받는 미디어는 오히려 아이들이 갖고 있는 자율성과 능력, 영향력을 강조하면서 그들을 유능하고 독립적인 존재로 재구축하는 것처럼 보입니다.

너로 채운 Mirror, 신비로운 미로

언뜻 보기에 이 두 세력은 서로 반대되는 이야기를 하고 있는 것처럼 보입니다. 하지만 과연 그럴까요? 사실 소녀들의 능동성과 수동성 중 어느 한쪽에 대해서만 말하는 사람들은 모두 소녀들이 처해 있는 진퇴양난의 상황을 생략한 채 이야기하고 있는 것입니다. 어른들에 의해 한계가 분명한 주체성만을 허용받은 채 소비주의와 연령주의, 위와 같은 '이중 억압', 그리고 성차별이 만연한 사회로 내던져진 소녀들의 현실을요.

가령 걸그룹과 아이돌 문화는 현대의 소녀들이 태어나기 훨씬 이전부터 존재해왔습니다. 그들의 '능동성'은 바로 여기서 벽에 부딪칩니다. 지극히 당연한 얘기지만, 제아무리 능동적이고 주체적인 인간도 자신이 태어나기 이전의 역사에까지 영향을 끼칠 순 없기 때문입니다. 결국 소녀들은 자신이 짓지 않은, 이미 짜인 미로 속에서 길을 찾도록 던져진 셈입니다. 때문에 그들이 여성 아이돌을 지망하거나 유튜버로 활동하면서 나아갈 방향을 택할 때, 그가 옳은 길로 가고 있는지는 누구도 알 수 없게 되어버립니다.

그런가 하면 그들의 '수동성' 또한 "나는 그렇게 양육하지 않았는데."라고 주장하는 양육자 앞에서 좌절됩니다. 어린이가 문화화되는 과정에서 자기가 속해 있는 문화의 행위자들에게 이입하는 것은 자연스러운 일입니다. 고작 몇 명의 어른이 애써 강제한다고 해서 막을 수 있는 일은 아니라는 이야기지요. 그렇기에 아동인권 운동가들은 성인 문화, 즉 성인 여성들의 문화 전반이 '아름다움'에 대한 프로파간다로 구성되는 것의 위험성을 이미 경고한 바 있습니다.

따라서 문화 내에서 소녀들이 능동적인 존재인지 수동적인 존재인지 밝히는 일은 이 문제에 대한 해결 방안이 될 수 없습니다. 그보다 우리는 소녀들이 문화적 지형도에서 어떠한 위치에 놓여 있는지, 자신들의 문화를 형성하려는 소녀들의 태도와 의지가 가혹한 환경에 의해 구체적으로 어떠한 방해를 받아 어떻게 타협을 강요받는지를 알아야 합니다. 그리고 성인 문화가 지금의 소녀들에게 끼치는 영향력을 의도적으로 무시하지도, 아동 청소년들이 스스로 성인 문화의 부정적인 면을 거부하고 긍정적인 면을 선택하기를 일방적으로 기대하지도 말아야 합니다. 그것은 어른들이 미리 해둬야 마땅한, 어른들의 '의무'이기 때문입니다.

소녀문화의 이후 행보를 응원하고 싶은 어른이라면 우리는 이제 인정해야 합니다. 소녀문화가 안전하려면 성인들의 문화가 먼저 변해야 한다는 것을 말입니다.

주석

1   Szmigiera, M. (2021). The 100 largest companies in the world by market capitalization in 2021. *Statista*.

2   Suddath, C. (2015, December 17). The $500 million battle over Disney's princesses. *Bloomberg Businessweek*, 17.

3   Wloszczyna, S. (2003, September 17). Disney Princesses Wear Merchandising Crown. *USA Today*, 17.

4   The Walt Disney Company. (2005). Disney Princess Proves She's Still The Fairest Of The Land: Girls' Lifestyle Brand Set To Become World's Largest In 2006.

5   조지프 캠벨 지음, 이윤기 옮김, 『천의 얼굴을 가진 영웅』 (민음사, 2018), 75쪽.

6   Olson, E. (1998, April 27). Disney ups TV animation duo. Variety. Cahners Business Information. Retrieved September 16, 2015. https://variety.com/1998/biz/news/disney-ups-tv-animation-duo-1117470173.; Baisley, S. (2003, June 16). Disneytoon Studios Builds Slate Under New Name and Homes for Needy. Animation World Network. Retrieved February 26, 2013. https://www.awn.com/news/disneytoon-studios-builds-slate-under-new-name-and-homes-needy.

7   Box Office Mojo. (n.d.). Lilo & Stitch. Retrieved from https://www.boxofficemojo.com/release/rl3898508801

8   Breznican, A. (2002, February 14). Disney taking sequels to the bank. Spartanburg Herald-Journal. The New York Times Company. Associated

Press. D7. Retrieved March 29, 2017. https://news.google.com/newspapers?id=NDYfAAAAIBAJ&sjid=F9AEAAAAIBAJ&pg=6591%2C5108585

9   Box Office Mojo. (n.d.). Moana. Retrieved from https://www.boxofficemojo.com/release/rl4249847297

10   Licensemag.com. (2009, May 1). Disney Princess Power. License! Global. Retrieved July 20, 2010.

11   Schiele, K., Louie, L., & Chen, S. (2020). Marketing feminism in youth media: A study of Disney and Pixar animation. *Business Horizons*.

12   안젤라 맥로비·제니 가버 지음, 이동연 편역, 「소녀와 하위문화」, 『하위문화는 저항하는가』(문화과학사, 1998), 101~121쪽.

13   Abrams, N. (2016, January 09). J.J. Abrams: Lack of Rey toys for Star Wars: The Force Awakens 'preposterous'. *EW.*; Bartleet, L. (2016, January 09). JJ Abrams: it's 'preposterous and wrong' for female Star Wars protagonist not to be included in toy sets. *NME.*

14   Kain, E. (2016, January 25). Excluding Rey from 'Star Wars: The Force Awakens' Toys is Really Dumb. Forbes.com, 25.

15   Graser, M. (2013, June 17). With Star Wars and princesses, Disney now has six of the top 10 licensed franchises. *Variety.*

16   Licensemag.com. (2009, May 1). Disney Princess Power. License! Global. Retrieved July 20, 2010.

17   Ibid.

18   General comment No. 17 (2013) on the right of the child to rest, leisure, play, recreational activities, cultural life and the arts (art. 31), Article 14.

19   Ibid.

20   요한 하위징아 지음, 이종인 옮김, 『호모 루덴스』 (연암서가, 2018), 21쪽.

21   위의 책, 41~42쪽.

22   General comment No. 17 (2013) on the right of the child to rest, leisure, play, recreational activities, cultural life and the arts (art. 31), Article 8.

23   「On Air – 그라운드를 뛰는 여자들 [한혜진, 차수민, 김진경, 아이린, 이현이, 송해나]」, 《W korea》, 2021. 6. 22.

24   Provenzo, E. (1991). *Video Kids: Making Sense of Nintendo.* Cambridge: Harvard University Press.

25   Cassell, J. & Jenkins, H. (1998). Chess For Girls?: Feminism and Computer Games. 8.

26 Ibid., 11.

27 Carroll, N. (1994). Designing Electronic Games to Win Over Girls. *USA Today*, 10, 4D.

28 Weil, E. (1997). The girl-game jinx. Salon.com. Retrieved April 6, 2004

29 Ibid.

30 Cassell, J. & Jenkins, H. (1998). op. cit.

31 Beatto, G. (2000). Girl games: Computer games for girls is no longer an oxymoron. *Wired Magazine*, 5(10).

32 McRobbie, A. (1991). *Feminism and Youth Culture: From Jackie to Just Seventeen.* London: MacMillan.

33 Fleming, D. (1996). *Powerplay: Toys as Popular Culture.* Manchester: Manchester University Press.

34 Cassell, J. & Jenkins, H. (1998). op. cit.

35 General comment No. 17 (2013) on the right of the child to rest, leisure, play, recreational activities, cultural life and the arts (art. 31), Article 47, 48, 57.

36 안태숙, 「게임이용자 실태조사」, 한국콘텐츠진흥원, 2021.; 장은혜, 「게임이용자 실태조사」, 한국콘텐츠진흥원, 2019.

37 GamesIndustry International. (2005, February 7). The Sims Franchise Celebrates Its Fifth Anniversary and Continues to Break Records. *GamesIndustry.biz.*; Valentine, R. (2019, October 29). The Sims franchise surpasses $5b in lifetime sales. *GamesIndustry.biz.*

38 2019년 반다이 남코 그룹 연례 보고서(https://www.bandainamco.co.jp/cgi-bin/releases/index.cgi/file/view/9504?entry_id=6636)

39 데이비드 버킹엄 지음, 허수진 옮김, 『우리 아이들은 어떻게 소비자로 키워지는가!』, 초록물고기, 2013, 129~132쪽.

40 한지희, 『우리시대 대중문화와 소녀의 계보학』(경상대학교출판부, 2015).

41 「"건담이 받은 30년 사랑은 여성팬 덕분"」, 《한겨레》, 2010. 7. 19. http://www.hani.co.kr/arti/culture/movie/431076.html

42 Irie, Y. (2013). Shojo Manga Cho-Nyumon (Shojo Manga Super-guide Book). *Monthly Maganine PEN*, 82.

43 세계경제포럼(WORLD ECONOMIC FORUM) 홈페이지(https://www.weforum.org/reports).

44 Takeuchi, N. (2013, August). Bishōjo senshi sērāmūn zenpen [美少女戦士セーラームーン 前編]. RoLa [ローラ]. 2013 (September).; Takeuchi, N. (2013,

October). Bishōjo senshi sērāmūn chūhen [美少女戦士セーラームーン 中編]. RoLa [ローラ]. 2013 (November).

45   Ikuhara, K. (2010). Bisyojo Senshi Sailor Moon (Pretty Guardian Sailor Moon). In The 1st Innovative Cultural Symposium organized by Beijing University and Meiji University [conference].

46   반다이남코 홀딩스의 기업 정보 페이지(http://www.bandainamco.co.jp/ir).

47   Satō, J. (2019, February 14). 20th Anniversary Special Feature 2nd: Staff Interview [20周年記念特集第2回：スタッフインタビュー, 20 Shūnenkinen tokushū dai 2-kai: Sutaffuintabyū]. PASH! PLUS [パッシュプラス]. http://www.pashplus.jp/interview/128498.

48   Narita, Y. (2012). Dakara anime shinario wa yamerarenai [だからアニメシナリオはやめられない, That is why we cannot stop stcripting animation]. Tokyo: Eijinsha [映人社].

49   반다이남코 홀딩스의 기업 정보 페이지(http://www.bandainamco.co.jp/ir).

50   Suzuki, Y. (2018, February 28). There is no difference between men and women, a secret belief of the creator of Precure [男女に差なんて'ない' プリキュア生みの親'秘めた信念, Danjo ni sa nante, nai purikyua uminooya, himeta shin'nen]. Asahi Shimbun Digital [朝日新聞デジタル]. https://www.asahi.com/articles/ASL2W65XCL2WUTIL04V.html.

51   Miyahara, S. (2021, September 19). "I don't use 'Dawa' at the end of the lines." Thoughts put into producing programs for children [「セリフの語尾に『だわ』は使わない」子供向け番組の演出に込められた思い, Serifu no gobi ni "da wa" wa tsukawanai' kodomo-muke bangumi no enshutsu ni kome rareta omoi]. FRaU [フラウ]. https://gendai.ismedia.jp/articles/-/87400?page=2.

52   한지희, 앞의 책, 111~113쪽.

53   「[Why] 전쟁통에 엄마를 잃었다… 그땐 우리 모두가 '앤'이었다」, 《조선일보》, 2014. 3. 22.

54   김용언, 『문학소녀』 (반비, 2017), 163쪽.

55   조셉 셰리드 레퍼뉴 지음, 정진영 옮김, 「카르밀라」, 『뱀파이어 걸작선』 (책세상, 2006), 40~41쪽.

56   메리 셸리 지음, 김선형 옮김, 『프랑켄슈타인』, 문학동네, 2012, 44쪽.

57   위의 책, 115쪽.

58   한국저작권보호원, 「우리나라에서 보호되는 외국인 저작물은 무엇인가요?」, 2010. 6. 28. https://www.copy112.or.kr/bootlegging/FAQ/?mode=view&idx=279.

59   오세란, 「청소년소설에서 반복되는 몇 가지 양상」, 《창비어린이》 2013년 겨울호, 39, 45쪽.

60   한미화, 「최근 출간된 청소년소설의 경향」, 위의 책, 27쪽.

61   김지은, 「발견되는 목소리와 가능성」, 《창비어린이》 2017년 여름호, 38쪽.

62   위의 글, 42쪽.

63   「덴마크의 50년전 성교육 그림책, 한국에선 선을 넘은 책인가」, 《조선일보》, 2020. 9. 5.; 「"내 책이 외설적? 매우 종교적이거나, 섹스에 거부감 있거나" [스팟 인터뷰] 『아기는 어떻게 태어날까?』 저자 페르 홀름 크누센 "그건 현대적 사고방 식 아냐"」, 《오마이뉴스》, 2020. 8. 31.; 「초록우산어린이재단, 논란된 여가부 '나 다움책' 사업서 손뗀다」, 《중앙일보》, 2020. 8. 26.

64   멀리사 에임스·세라 버콘 지음, 조애리 외 옮김, 『대중문화는 어떻게 여성을 만 들어내는가』 (한울(한울아카데미), 2020), 67쪽.

65   위의 책, 68쪽.

66   Flood, A. (2011, May 6). Study finds huge gender imbalance in children's literature. *The Guardian.*

67   Flood, A. (2018, May 30). Ursula K Le Guin film reveals her struggle to write women into fantasy. *The Guardian.*

68   White, J. (n.d.). Coming Back From the Silence an interview with Ursula Le Guin. https://www.swarthmore.edu/Humanities/pschmid1/engl5H/leguin. interv.html.

69   사이토 미나코 지음, 권서경 옮김, 『요술봉과 분홍 제복』, 문학동네, 2020, 356~357쪽.

70   멀리사 에임스·세라 버콘 지음, 조애리 외 옮김, 『대중문화는 어떻게 여성을 만 들어내는가』, 한울(한울아카데미), 2020, 38~40쪽.

71   Moyers, B. (2000). Bill Moyers interview with Ursula K. LeGuin about "Lathe of Heaven" [Interview]. YouTube. Retrieved May 3, 2012. https://www. youtube.com/watch?v=O1bZe7bdXMw.

72   Flood, A. (2018, May 30). Ursula K Le Guin film reveals her struggle to write women into fantasy. *The Guardian.*

73   White, J. (n.d.). Coming Back From the Silence an interview with Ursula Le Guin. https://www.swarthmore.edu/Humanities/pschmid1/engl5H/leguin. interv.html.

74   Moyers, B. (2000). Bill Moyers interview with Ursula K. LeGuin about "Lathe of Heaven" [Interview]. YouTube. Retrieved May 3, 2012. https://www. youtube.com/watch?v=O1bZe7bdXMw.

75   문강형준, 「우상의 황혼-한국 사회에서 아이돌은 어떻게 소비되는가」, 『아이돌』 (이매진, 2011), 63쪽.

76   위의 책, 50쪽.

77   위의 책, 54~56쪽.

78   조우리, 「'여돌여덕' 소설가는 자기가 읽고 싶은 소설을 쓴다」, 《일다》, 2020. 6. 16.

79   「입덕뷰] 가수 메이다니 "JYP·YG 떠난 이유, 왜 유튜브에서 공개했냐고요?"」, 《한경닷컴》, 2019. 5. 19.

80   「한승연 "카라 활동 시절, 못 먹어서 늘 예민+저체중…건강하지 못한 삶에 현타"」, 《조선일보》, 2021. 9. 2.

81   김수아, 「소녀 이미지의 볼거리화와 소비 방식의 구성」, 《미디어, 젠더&문화》 15, (2010), 79~119쪽.; 이동연, 「아이돌 팝이란 무엇인가?: 징후적 독해」, 《문화과학》 62, (2009), 210~227쪽.; 차우진, 「걸그룹 전성기」, 《문화과학》 59, (2009), 270~283쪽.; Shin, H. (2009). Have you ever seen the Rain? And who'll stop the Rain?: The globalizing project of Korean pop (K-pop). *Inter-Asia Cultural Studies*, 10(4), 507-523.

82   Kawamura, K. (1993). Otome no Inori: Kindai Josei Imeji no Tanjo [Prayer of Otome: The Birth of the Images of Modern Women]. Tokyo: Kinokuniya Shoten.; Kawamura, K. (1996). Sekushuariti no kindai [The modernity of sexuality]. Tokyo: Kōdansha.; Sugawa-Shimada, A. (2011). Representations of Girls in Japanese Magical Girl TV Animation Programmes from 1966 to 2003 and Japanese Female Audiences' Understanding of Them (Doctoral dissertation, University of Warwick).; Yamanashi, M. (2008, September 21). The Power and Allure of the Ephemeral Otome Fantasy (Shôjo Gensô in Japanese Cultural Heritage: A Critical Approach to the Neo-romantic World of Girls) [Paper presentation]. 12th EAJS International Conference, Leece, Italy. http://asiaintensiv.pbworks.com/f/EAJS+bulletin78.pdf

83   김성윤, 「'삼촌팬'의 탄생: 30대 남성 팬덤의 불/가능성에 관하여」, 『아이돌』 (이매진, 2011), 237~269쪽.

참고문헌

저자의 말: 발명된 소녀, 발견된 어린이

● 논문

Arnould, E. J. & Thompson, C. J. (2005). Consumer culture theory (CCT): Twenty years of research. *Journal of consumer research*, 31(4), 868-882.

Brown, L. M. (2008). The "Girls" in Girls' Studies. *Girlhood Studies*, 1(1), 1-12.

Buckingham, D. & Sefton-Green, J. (2003). Gotta catch'em all: Structure, agency and pedagogy in children's media culture. *Media, Culture & Society*, 25(3), 379-399.

Buckingham, D. (2007). Selling childhood? Children and consumer culture. *Journal of children and media*, 1(1), 15-24.

Cook, D. T. (1995). The mother as consumer: insights from the children's wear industry, 1917-1929. *The sociological quarterly*, 36(3), 505-522.

Cook, D. T. (2000). The other "child study": Figuring children as consumers in market research, 1910s-1990s. *The Sociological Quarterly*, 41(3), 487-507.

Cook, D. T. (2003). Agency, children's consumer culture and the fetal subject: Historical trajectories, contemporary connections. *Consumption, Markets and Culture*, 6(2), 115-132.

Cook, D. T., & Kaiser, S. B. (2004). Betwixt and between: Age ambiguity and the sexualization of the female consuming subject. *Journal of Consumer Culture*, 4(2), 203-227.

Cook, D. T. (2008). The Missing Child in Consumption Theory. *Journal of Consumer Culture*, 8(2), 219-243.

Cook, D. T. (2009). Knowing the child consumer: historical and conceptual insights on qualitative children's consumer research. *Young Consumers*, 10(4), 269-282.

Creighton, M. R. (1994). "Edutaining" children: consumer and gender socialization in Japanese marketing. *Ethnology*, 33(1), 35-52.

Ekström, K. M. (2006). Consumer socialization revisited. *Research in consumer behavior*, 71-98.

Hong, S. (2019). From princess to Super-hero: A 50-year-history of Mahō Shōjo Animation in Works of Tōei Animation (Master's Thesis, Saitama University).

Johansson, B. (2005). Children and their money. ACR European Advances.

John, D. R. (1999). Consumer Socialization of Children: A Retrospective Look at Twenty-five Years of Research. *Journal of Consumer Research*, 26(3), 183-213.

Sugawa-Shimada, A. (2011). Representations of Girls in Japanese Magical Girl TV Animation Programmes from 1966 to 2003 and Japanese Female Audiences' Understanding of Them (Doctoral dissertation, University of Warwick).

Ward, S. (1974). Consumer Socialization. *Journal of Consumer Research*, 1(2), 1-14.

● 단행본

데이비드 버킹엄 지음, 허수진 옮김, 『우리 아이들은 어떻게 소비자로 키워지는가!』(초록물고기, 2013).

필립 아리에스 지음, 문지영 옮김, 『아동의 탄생』(새물결, 2003).

한지희, 『우리시대 대중문화와 소녀의 계보학』(경상대학교 출판부, 2015).

Ariès, P. (1962). *Centuries of Childhood*. Harmondsworth: Penguin.

Buckingham, D. (2000). *After the Death of Childhood: Growing up in the Age of Electronic Media*. Cambridge: Polity Press.

Buckingham, D. (2011). *The Material Child: Growing up in Consumer Culture*. Cambridge: Polity Press.

Buckingham, D. (2014). Selling youth: The paradoxical empowerment of the young consumer. In *Youth cultures in the age of global media*. London: Palgrave Macmillan.

Cook, D. T. (2004). *The commodification of childhood: The children's clothing industry and the rise of the child consumer*. Durham: Duke University Press.

Cook, D. T. (2005). Consumer Culture. In Jacobs, M. D., & Hanrahan, N. W. (Eds.), *The Blackwell Companion to the Sociology of Culture* (pp. 160-175). Chichester: John Wiley & Sons.

Cook, D. T. (2010). Commercial enculturation: Moving beyond consumer socialization. In Buckingham, D., & Tingstad, V. (Eds.), *Childhood and consumer culture* (pp. 63-79). London: Palgrave Macmillan.

Johansson, B. (2007). Fashion and style in a commercial and cultural borderland. In Brembeck, H., Ekström, K. M., & Mörck, M. (Eds.), *Little monsters:(de) coupling assemblages of consumption* (Vol. 7) (pp. 131-147). LIT Verlag Münster.

Johansson, B. (2010). Subjectivities of the child consumer: Beings and becomings. In Buckingham, D., & Tingstad, V. (Eds.), *Childhood and consumer culture* (pp. 80-93). London: Palgrave Macmillan.

Pollock, L. A. (1983). *Forgotten children: Parent-child relations from 1500 to 1900*. Cambridge: Cambridge University Press.

디즈니는 어떻게 프린세스 브랜드를 되살렸을까?

● 논문

Clapp-Itnyre, A. (2010). Help! I'ma Feminist But My Daughter is a "Princess Fanatic"! Disney's Transformation of Twenty-First-Century Girls. *Children's Folklore Review*, 32, 7-22.

O'brien, P. C. (1996). The happiest films on earth: A textual and contextual analysis of Walt Disney's Cinderella and The Little Mermaid. *Women's Studies in Communication*, 19(2), 155-183.

바깥은 위험하니 디즈니 곁을 떠나지 마

● 기사

Orenstein, P. (2006). What's wrong with Cinderella. *The New York Times*, 6(1), 34.

● 논문

Schiele, K., Louie, L., & Chen, S. (2020). Marketing feminism in youth media: A study of Disney and Pixar animation. *Business Horizons*.

Sweeney, M. M. (2011). "Where Happily Ever After Happens Every Day": Disney's Official Princess Website and the Commodification of Play. *Jeunesse: Young People, Texts, Cultures*, 3(2), 66-87.

● 단행본

안젤라 맥로비·제니 가버 지음, 이동연 편역, 「소녀와 하위문화」, 『하위문화는 저항하는 가』 (문화과학사, 1998).

페기 오렌스타인 지음, 김현정 옮김, 『신데렐라가 내 딸을 잡아먹었다』 (에쎄, 2013).

스타 없는 스타워즈, 레이 없는 팀 레이

● 논문

Brown, J. A. (2018). #wheresRey: feminism, protest, and merchandising sexism in Star Wars: The Force Awakens. *Feminist media studies*, 18(3), 335-348.

Forman-Brunell, M. (2009). Barbie in "LIFE": The Life of Barbie. The Journal of the *History of Childhood and Youth*, 2(3), 303-311.

Forman-Brunell, M. (2012). Interrogating the meanings of dolls: New directions in doll studies. *Girlhood Studies*, 5(1), 3-13.

Gould, S. Z. Toys Make a Nation: A History of Ethnic Toys in America (Doctoral dissertation, University of Michigan), 2010.

Mandrona, A. R. (2012). Handmade Identities: Girls, Dolls and DIY. *Girlhood Studies*, 5(1), 98-120.

Valdivia, A. N. (2009). Living in a hybrid material world: Girls, ethnicity and mediated doll products. *Girlhood Studies*, 2(1), 73-93.

● 단행본

Attfield, J. (2000). *Wild Things: The Material Culture of Everyday Life*. New York: Berg.

Beltran, M. C., & Fojas, C. (Eds.). (2008). *Mixed Race Hollywood*. New York: NYU Press.

어린이로 하여금 마음껏 놀게 하라!

● 단행본

로제 카이와 지음, 이상률 옮김, 『놀이와 인간』 (문예출판사, 2018).

요한 하위징아 지음, 이종인 옮김, 『호모 루덴스』 (연암서가, 2018).

● 기타

UN General Assembly (1989). Convention on the Rights of the Child. United Nations, Treaty Series, 1577(3).

UN Committee on the Rights of the Child (CRC), General comment No. 17 (2013) on the right of the child to rest, leisure, play, recreational activities, cultural life and the arts (art. 31), 17 April 2013.

게임 업계, '노답'인 줄 알았는데 오답이었습니다

● 논문

Cassell, J. & Jenkins, H. (1998). Chess For Girls?: Feminism and Computer Games.

● 단행본

Cassell, J. & Jenkins, H. (Eds.). (1998). *From Barbie To Mortal Kombat: Gender And Computer Games*. Cambridge, MA: MIT Press.

Fleming, D. (1996). *Powerplay: Toys as Popular Culture*. Manchester: Manchester University Press.

Kafai, Y. B., Heeter, C., Denner, J. & Sun, J. Y. (Eds.). (2008). *Beyond Barbie and Mortal Kombat: Perspectives on Gender and Gaming*. Cambridge, MA: MIT Press.

McRobbie, A. (1991). *Feminism and Youth Culture: From Jackie to Just Seventeen*. London: MacMillan.

Provenzo, E. (1991) *Video Kids: Making Sense of Nintendo*. Cambridge: Harvard University Press.

Richard, G. Tynes, B. M., & Kafai, Y. B. (Eds.). (2016). *Diversifying Barbie and Mortal Kombat: Intersectional Perspectives And Inclusive Designs of Gaming*. Carnegie Mellon University: ETC Press.

● 보고서

안태숙, 「게임이용자 실태조사」, 한국콘텐츠진흥원, 2021.

장은혜, 「게임이용자 실태조사」, 한국콘텐츠진흥원, 2019.

● 기타

Beatto, G. (2000). Girl games: Computer games for girls is no longer an oxymoron. *Wired Magazine*, 5(10).

Carroll, N. (1994). Designing Electronic Games to Win Over Girls. *USA Today*, 10, 4D.

UN Committee on the Rights of the Child (CRC), General comment No. 17 (2013) on the right of the child to rest, leisure, play, recreational activities, cultural life and the arts (art. 31), 17 April 2013.

Weil, E. (1997). The girl-game jinx. Salon.com. Retrieved April 6, 2004.

역설의 요술공주 샐리가 찾아왔어요

● 논문

Park, H. (2005). A study on the formation of the view on Child in Modern Japan. *Sogang University East Asian Studies*, 49. 135-162.

Saito, K. (2014). Magic, Shōjo, and metamorphosis: Magical girl anime and the challenges of changing gender identities in Japanese society. *The Journal of Asian Studies*, 73(1), 143-164.

Sugawa-Shimada, A. (2011). Representations of Girls in Japanese Magical Girl TV Animation Programmes from 1966 to 2003 and Japanese Female Audiences' Understanding of Them (Doctoral dissertation, University of Warwick).

● 단행본

데이비드 버킹엄 지음, 허수진 옮김, 『우리 아이들은 어떻게 소비자로 키워지는가!』 (초록물고기, 2013).

한지희, 『우리시대 대중문화와 소녀의 계보학』 (경상대학교 출판부, 2015).

Buckingham, D. (2011). *The Material Child: Growing up in Consumer Culture.*

Cambridge: Polity Press.

Iwabuchi, K. (2002). *Recentering globalization: Popular culture and Japanese transnationalism*. Durham: Duke University Press.

Kito, H. (2000). Jinkō kara yomu nihon no rekishi[人口から読む日本の歴史]. Tokyo: Kōdansha[講談社].

Koresawa, H. (2015). Kodomo o iwau tangonosetsuku to hinamatsuri[子供を祝う端午の節句と雛祭]. Kyoto: Tankōsha[淡交社].

Moriyama, S., & Nakae, K. (2002). Nihon kodomo-shi[日本子ども史, History of Japanese Children]. Tokyo: Heibonsha[平凡社].

Shirakawa, D. (2006). Mahōtsukai Sari: Anime Tanjō Hiwa[魔法使いサリ＿アニメ誕生秘話, A Secret Story of the Birth of Sally the Witch, the Animation]. Mahōtsukai Sari: Orijinaru Bukkuretto[魔法使いサリ＿オリジナルブックレット, Sally the Witch: An Original Booklet]. Tokyo: Universal Music.

Sugawa-Shimada, A. (2019). Shōjo in Anime: Beyond the Object of Men's Desire. In Berndt, J., Nagaike, K., & Ogi, F. (Eds.), Shōjo Across Media: Exploring "Girl" Practices in Contemporary Japan. Cham: Palgrave Macmillan.

● 기타

2012년 반다이 어린이 앙케이트 리포트 Vol.202 "아이가 좋아하는 캐릭터는 무엇인가요?" 설문 결과(https://www.bandai.co.jp/kodomo/pdf/question202.pdf)

2014년 반다이 어린이 앙케이트 리포트 Vol.216 "아이가 좋아하는 캐릭터에 관한 의식조사" 결과(https://www.bandai.co.jp/kodomo/pdf/question216.pdf)

2016년 반다이 어린이 앙케이트 리포트 Vol.228 "아이가 좋아하는 캐릭터에 관한 의식조사" 결과(https://www.bandai.co.jp/kodomo/pdf/question228.pdf)

2019년 반다이 남코 그룹 연례 보고서(https://www.bandainamco.co.jp/cgi-bin/releases/index.cgi/file/view/9504?entry_id=6636)

성인 인증을 필요로 하는 '마법소녀' 검색 결과

● 논문

Benson, A. (2018). Loss in the Land of Toys: Purikyua and the Marketing of Childhood Nostalgia. *Journal of Policy and Culture*(JJPC), 26, 31-44.

Saito, K. (2014). Magic, Shōjo, and metamorphosis: Magical girl anime and the challenges of changing gender identities in Japanese society. *The Journal of Asian Studies*, 73(1), 143-164.

Sugawa-Shimada, A. (2011). Representations of Girls in Japanese Magical Girl TV Animation Programmes from 1966 to 2003 and Japanese Female Audiences' Understanding of Them (Doctoral dissertation, University of Warwick).

Wang & Takahashi. (2016). Japanese modern animation judging from a feminist viewpoint. *IPSJ SIG Technical Report.* 2016(7), 1-7.

● 단행본

Allison, A. (2006). *Millennial monsters: Japanese toys and the global imagination*, Berkeley: Univ of California Press.

Sugawa-Shimada, A. (2019). Shōjo in Anime: Beyond the Object of Men's Desire. In Berndt, J., Nagaike, K., & Ogi, F. (Eds.), Shōjo Across Media: Exploring "Girl" Practices in Contemporary Japan. Cham: Palgrave Macmillan.

세일러 문은 왜 세상을 구하지 못했을까?

● 논문

Benson, A. (2018). Loss in the Land of Toys: Purikyua and the Marketing of Childhood Nostalgia. *Journal of Policy and Culture(JJPC)*, 26, 31-44.

Grigsby, M. (2000). Sailormoon: Manga (comics) and anime (cartoon) superheroine meets Barbie: Global entertainment commodity comes to the United States. *Journal of Popular Culture*, 32(1), 59-80.

Hartzheim, B. H. (2016). Pretty Cure and the magical girl media mix. *The Journal of Popular Culture*, 49(5), 1059-1085.

Newsom, V. A. (2004). Young Females as Super Heroes: Super Heroines in the Animated Sailor Moon. *Femspec*, 5(2), 57.

Saito, K. (2014). Magic, Shōjo, and metamorphosis: Magical girl anime and the challenges of changing gender identities in Japanese society. *The Journal of Asian Studies*, 73(1), 143-164.

Sugawa-Shimada, A. (2011). Representations of Girls in Japanese Magical Girl TV Animation Programmes from 1966 to 2003 and Japanese Female Audiences' Understanding of Them (Doctoral dissertation, University of Warwick).

● 단행본

사이토 미나코 지음, 권서경 옮김, 『요술봉과 분홍 제복』(문학동네, 2020).

Allison, A. (2006). *Millennial monsters: Japanese toys and the global imagination.* Berkeley: Univ of California Press.

Fujimoto, Y. (2015). Sailor-Moon! The Treasure Box All the Girls Want. In *International Perspectives on Shojo and Shojo Manga* (pp. 50-57). London: Routledge.

Grigsby, M. (1999). The social production of gender as reflected in two Japanese culture industry products: Sailormoon and Crayon Shin-Chan. In Lent, J. A. (Ed.), *Themes and issues in Asian cartooning: cute, cheap, mad, and sexy* (pp. 183-210). Bowling Green State University Popular Press.

Saitō, M. (1998). Kōitten ron: Anime, tokusatsu, denki no hiroinzō[紅一点論 アニメ・特撮・伝記のヒロイン像, One woman among men: Heroines in anime, tokusatsu, and biographies]. Tokyo: Birejji Sentā Shuppankyoku[ビレッジセンター出版局].

Sugawa-Shimada, A. (2019). Shōjo in Anime: Beyond the Object of Men's Desire. In Berndt, J., Nagaike, K., & Ogi, F. (Eds.), *Shōjo Across Media: Exploring "Girl" Practices in Contemporary Japan.* Cham: Palgrave Macmillan.

Zeisler, A. (2016). *We were feminists once: From riot grrrl to CoverGirl, the buying and selling of a political movement.* Public Affairs.

30분짜리 장난감 광고가 된 어린이 애니메이션

● 논문

Allison, A. (2008). Pocket capitalism and virtual intimacy: Pokemon as symptom of postindustrial youth culture. *Figuring the future: globalization and the temporalities of children and youth,* 179-196.

Benson, A. (2018). Loss in the Land of Toys: Purikyua and the Marketing of Childhood Nostalgia. *Journal of Policy and Culture(JJPC),* 26, 31-44.

Benson, A. (2019)., Becoming Purikyua: Building the lifestyle-text in Japanese girls' franchises. *Contemporary Japan,* 31(1), 61-78.

Hartzheim, B. H. (2016). Pretty Cure and the magical girl media mix. *The Journal of Popular Culture,* 49(5), 1059-1085.

Sugawa-Shimada, A. (2011). Representations of Girls in Japanese Magical Girl TV Animation Programmes from 1966 to 2003 and Japanese Female Audiences' Understanding of Them (Doctoral dissertation, University of Warwick).

● 단행본

Allison, A. (2006). *Millennial monsters: Japanese toys and the global imagination*. Berkeley: Univ of California Press.

Sugawa-Shimada, A. (2019). Shōjo in Anime: Beyond the Object of Men's Desire. In Berndt, J., Nagaike, K., & Ogi, F. (Eds.), S*hōjo Across Media: Exploring "Girl" Practices in Contemporary Japan*. Cham: Palgrave Macmillan.

모든 문학은 소녀로부터 시작되었다

● 단행본

김용언, 『문학소녀』 (반비, 2017).

한지희, 『우리시대 대중문화와 소녀의 계보학』 (경상대학교출판부, 2015).

나다울 수 없는 세상에서 '어린이책'으로 살아남기

● 기타

《창비어린이》 2013년 겨울호: 특집 "청소년소설의 현주소"

《창비어린이》 2017년 여름호: 특집 "아동문학과 여성주의"

소녀 영웅 뒤에 가려진 성차별의 그늘

● 단행본

멀리사 에임스·세라 버콘 지음, 조애리 외 옮김, 『대중문화는 어떻게 여성을 만들어내는가』 (한울(한울아카데미), 2020).

사이토 미나코 지음, 권서경 옮김, 『요술봉과 분홍 제복』 (문학동네, 2020).

Ames, M., & Burcon, S. (2016). *How Pop Culture Shapes the Stages of a Woman's Life: From Toddlers-in-tiaras to Cougars-on-the-prowl*. London: Palgrave Macmillan.

Saitō, M. (1998). Kōitten ron: Anime, tokusatsu, denki no hiroinzō[紅一点論 アニメ·

特撮・伝記のヒロイン像, One woman among men: Heroines in anime, tokusatsu, and biographies]. Tokyo: Birejji Sentā Shuppankyoku[ビレッジセンター─出版局].

내 맘에 아이돌빠순이팬픽홈마케이팝 꾹 삼킨 채

● 단행본

문강형준, 「우상의 황혼-한국 사회에서 아이돌은 어떻게 소비되는가」, 『아이돌』 (이매진, 2011).

한우리, 「정체성의 구성과 균열: 20대 여성주의자와 아이돌 사이에서」, 『문화와사회』 제12권, (집문당, 2012).

고백합니다, 여성 아이돌을 볼 때마다 죄스러운 이유를

● 논문

김수아(2010), 〈소녀 이미지의 볼거리화와 소비 방식의 구성〉, 《미디어, 젠더&문화》 15.

이동연(2009), 〈아이돌 팝이란 무엇인가?: 징후적 독해〉, 《문화과학》 62.

차우진(2009), 〈걸그룹 전성기〉, 《문화과학》 59.

Shin, H. (2009). Have you ever seen the Rain? And who'll stop the Rain?: The globalizing project of Korean pop (K-pop). *Inter-Asia Cultural Studies*, 10(4), 507-523.

● 단행본

김수아, 「걸그룹 전성시대에 당신이 상상하는 것들: 걸그룹의 성적 이미지 전략과 포섭된 남성 팬덤」, 『아이돌』(이매진, 2011).

김예란, 「아이돌 공화국: 소녀 산업의 지구화와 소녀 육체의 상품화」, 『젠더와 사회』 (동녘, 2014).

멀리사 에임스·세라 버콘 지음, 조애리 외 옮김, 『대중문화는 어떻게 여성을 만들어내는가』 (한울(한울아카데미), 2020).

최지선, 『여신은 칭찬일까?: 여성 아이돌을 둘러싼 몇 가지 질문』 (산디, 2021).

한지희, 「아이돌 소녀 상품의 기획과 소녀의 소외」, 『우리시대 대중문화와 소녀의 계보학』 (경상대학교출판부, 2015).

Ames, M., & Burcon, S. (2016). *How Pop Culture Shapes the Stages of a Woman's Life: From Toddlers-in-tiaras to Cougars-on-the-prowl*. London: Palgrave Macmillan.

● 기타

박복숭아, 「아이돌을 연기하는 사람들: 카고 아이 ① 일본의 국민 여동생, '아이봉'의 탄생」, 《IDOLOGY(아이돌로지)》, 2015. 5. 29. idology.kr/4478.

박복숭아, 「아이돌을 연기하는 사람들: 카고 아이 ② 한 명의 아이돌, 그 두 가지 탄생 배경」, 《IDOLOGY(아이돌로지)》, 2015. 5. 29. idology.kr/4504.

박복숭아, 「아이돌을 연기하는 사람들: 카고 아이 ③ 카고 아이에게 다시, 행복 빔-♡」, 《IDOLOGY(아이돌로지)》, 2015. 5. 29. idology.kr/4509.

소녀, 피그말리온의 조각상이 아니라 사람입니다!

● 논문

김수아, 「소녀 이미지의 볼거리화와 소비 방식의 구성」, 《미디어, 젠더&문화》 15, 2010.

이동연, 「아이돌 팝이란 무엇인가?: 징후적 독해」, 《문화과학》 62, 2009.

차우진, 「걸그룹 전성기」, 《문화과학》 59, 2009.

Buckingham, D. (2007). Selling childhood? Children and consumer culture. *Journal of children and media*, 1(1).

Sugawa-Shimada, A. (2011). Representations of Girls in Japanese Magical Girl TV Animation Programmes from 1966 to 2003 and Japanese Female Audiences' Understanding of Them (Doctoral dissertation, University of Warwick).

● 단행본

김성윤, 「'삼촌팬'의 탄생: 30대 남성 팬덤의 불/가능성에 관하여」, 『아이돌』 (이매진, 2011).

김수아, 「걸그룹 전성시대에 당신이 상상하는 것들: 걸그룹의 성적 이미지 전략과 포섭된 남성 팬덤」, 『아이돌』 (이매진, 2011).

김예란, 「아이돌 공화국: 소녀 산업의 지구화와 소녀 육체의 상품화」, 『젠더와 사회』 (동녘, 2014.)

데이비드 버킹엄 지음, 허수진 옮김, 『우리 아이들은 어떻게 소비자로 키워지는가!』 (초록물고기, 2013).

정희진, 『페미니즘의 도전: 한국 사회 일상의 성정치학』 (교양인, 2005).

최지선, 『여신은 칭찬일까?: 여성 아이돌을 둘러싼 몇 가지 질문』 (산디, 2021).

한지희, 「아이돌 소녀 상품의 기획과 소녀의 소외」, 『우리시대 대중문화와 소녀의 계보학』 (경상대학교 출판부, 2015).

Buckingham, D. (2011). *The Material Child: Growing up in Consumer Culture*. Cambridge: Polity Press.

Kawamura, K. (1993). Otome no Inori: Kindai Josei Imeji no Tanjo [Prayer of Otome: The Birth of the Images of Modern Women]. Tokyo: Kinokuniya Shoten.

Kawamura, K. (1996). Sekushuariti no kindai [The modernity of sexuality]. Tokyo: Kōdansha.

● 기타

Yamanashi, M. (2008, September 21). The Power and Allure of the Ephemeral Otome Fantasy (Shôjo Gensô in Japanese Cultural Heritage: A Critical Approach to the Neo-romantic World of Girls) [Paper presentation]. 12th EAJS International Conference, Leece, Italy. http://asiaintensiv.pbworks.com/f/EAJS+bulletin78.pdf